GUSTAVO FERREIRA

GATILHOS
MENTAIS

O GUIA COMPLETO COM
**ESTRATÉGIAS DE NEGÓCIOS E
COMUNICAÇÕES PROVADAS**
PARA VOCÊ APLICAR

DVS EDITORA

São Paulo, 2019
www.dvseditora.com.br

GATILHOS MENTAIS

COPYRIGHT© DVS EDITORA LTDA 2019
Edição revista 2024

Todos os direitos para a língua portuguesa reservados pela editora.

Nenhuma parte dessa publicação poderá ser reproduzida, guardada pelo sistema "retrieval" ou transmitida de qualquer modo ou por qualquer outro meio, seja este eletrônico, mecânico, de fotocópia, de gravação, ou outros, sem prévia autorização, por escrito, da editora.

Capa: Felipe Cerqueira
Revisão: Primavera Assessoria Revisão de Textos
Diagramação: Schaffer Editorial

```
        Dados Internacionais de Catalogação na Publicação (CIP)
              (Câmara Brasileira do Livro, SP, Brasil)

    Ferreira, Gustavo
       Gatilhos mentais : o guia completo com estratégias
    de negócios e comunicação provadas para você
    aplicar / Gustavo Ferreira. -- São Paulo : DVS
    Editora, 2019.

       ISBN 978-85-8289-210-7

       1. Comunicação 2. Influência 3. Marketing
    4. Negócios 5. Persuasão 6. Vendas I. Título.

19-24387                                        CDD-650.13
```

Índices para catálogo sistemático:

1. Comunicação nos negócios : Administração   650.13

Cibele Maria Dias - Bibliotecária - CRB-8/9427

SUMÁRIO

Por que você deve me ouvir? 7

Ethos: A Coroa de Ferro dos Gatilhos Mentais **13**
   1 – Especificidade. 16
   2 – Autoridade 22
   3 – Prova Social 32
   4 – Escassez. 40
   5 – Urgência. 48
   6 – Prova: A Joia da Coroa 49

Pathos: Sinto, logo existo. **55**
   7 – Imaginação 58
   8 – Quebra de padrão 60
   9 – Curiosidade 65
   10 – Antecipação 70
   11 – Medo 72
   12 - Dor x Prazer 74
   13 – Compromisso e Coerência. 78
   14 – Grande Porque. 82
   15 – Empatia 83
   16 – Identificação 85
   17 – Personalização 88

18 – Repetição 91
19 – Novidade. 94
20 – Reciprocidade 96
21 – Rima. 100
22 – Ritmo 100
23 – Exclusividade 102
24 – "Inimigo Comum". 103

Logos: A voz da razão **107**
25 – Escolha 109
26 – Contraste 112
27 – Se... Então. .120
28 – Justificativa. .122
29 – Garantia e Reversão de Risco 123
30 – Simplicidade. 126
31 – Polarização: o Gatilho da Explosão 128

O Cetro do Rei: Storytelling **133**

Gatilhos mentais o c**e** **141**

Recursos Extras **143**

Caro Amigo, Cara Amiga,

Esse é meu segundo livro escrito (e até a data desta revisão, já escrevi outros 5: *Copywriting: Palavras que Vendem Milhões*, *Emails que Vendem*, *Story$elling*, *Cartas de Ouro Para Empreendedores* e *Gatilhos da Alma*).

Já ultrapassei a marca de milhares de livros vendidos, e para mim é uma honra enorme ter você aqui comigo.

Admito que o livro original foi feito com muita relutância. Por quê?

Copywriting é comunicação persuasiva.

Como gosto de definir, você cria uma influência positiva para que as pessoas tomem a ação que você quer.

Pode ser comprar seu produto ou serviço, fazer uma doação, uma ligação...

E até mesmo para coisas mais "simples" como pedir para seu cônjuge esperá-lo no ponto de ônibus à noite quando você deveria ter chegado algumas horas antes, e se comunicar com pessoas.

Esse livro é sobre **gatilhos mentais**.

O primeiro livro que tenho notícia especificamente sobre isso é do Robert Cialdini, chamado As Armas da Persuasão.

É um bom livro, porém, falta algo nele.

Falta a **aplicação prática em negócios**.

E é essa a proposta desse livro.

Vou trazer exemplos e aplicações práticas de como você pode utilizar os gatilhos mentais no seu negócio, seja ele "físico" ou "digital". Gatilhos mentais não é "vender pela internet".

Alguns "gurus" no Brasil insistem em falar que copywriting é "aplicar gatilhos mentais".

Mas tenho uma má notícia para você.

Você precisa de MAIS do que apenas "gatilhos mentais"

Como assim?

Gatilhos mentais são **temperos**.

Você não deve se preocupar em criar uma copy (uma mensagem de vendas) que ative os "gatilhos".

Isso é besteira.

Você deve criar uma comunicação que...

Envolva e Resolva o Problema do Seu Cliente

ISSO é copywriting e comunicação persuasiva.

ISSO é o uso de gatilhos mentais de verdade.

Esse livro é uma apresentação teórica e prática de gatilhos mentais...

Vou trazer uma visão nova e diferente para você.

Se você já conhece os "gatilhos mentais", terá uma visão completamente diferente. Se ainda não os conhece, fique tranquilo.

Porque essa viagem será divertida.

Porém, um último aviso... esse não é um livro sobre copywriting.

Este é um livro de vendas e negócios, para empreendedores e vendedores

Aplique os "gatilhos" da forma que ensino...

E você terá uma explosão de resultados.

Para acessar vídeos exclusivos, exemplos de e-mails, cartas de vendas e materiais extras, acesse: sougustavoferreira.com.br/bonus-gatilhos-mentais

PS: você também pode me seguir pelo Instagram @sougustavoferreira onde compartilho diversos conteúdos com você.

POR QUE VOCÊ DEVE ME OUVIR?

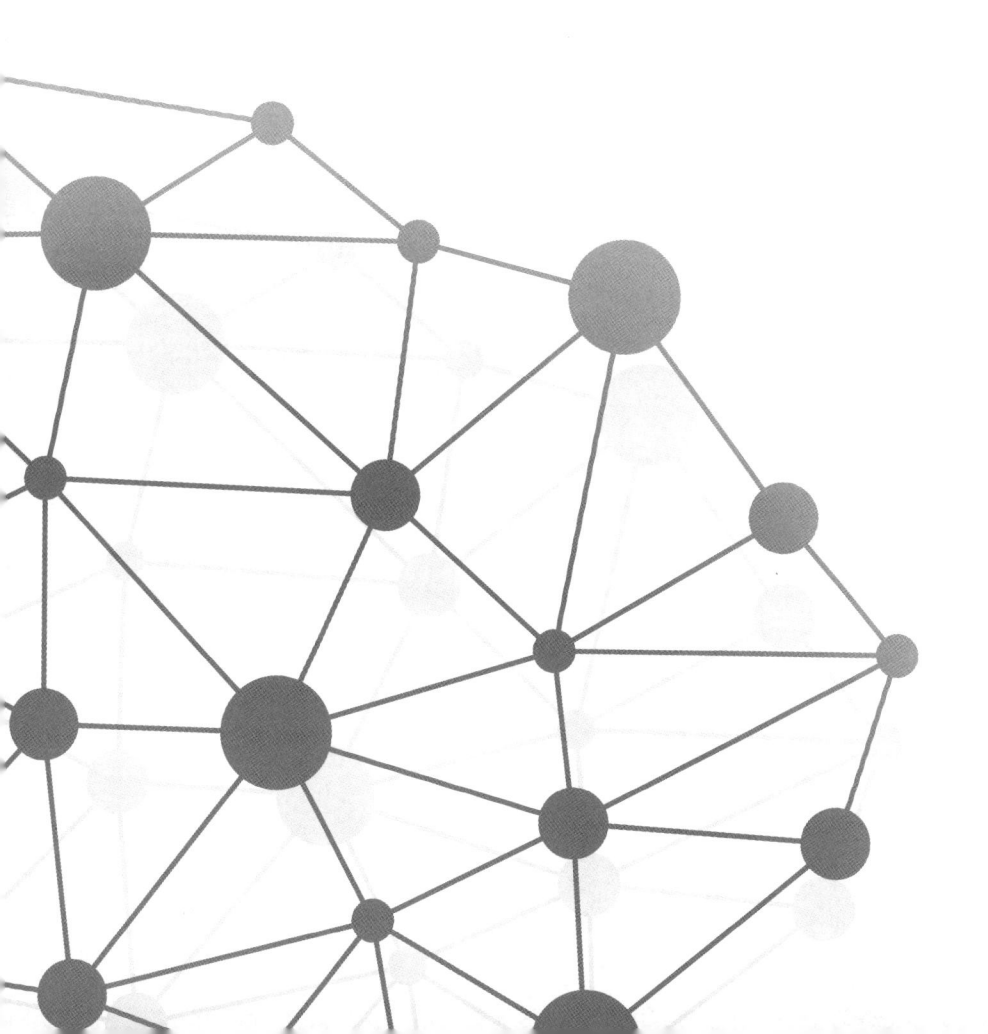

Se você ainda não me conhece, meu nome é Gustavo Ferreira, e desde 2009 dou consultoria de negócios e marketing em empresas de diversos nichos e segmentos, inclusive fora do Brasil.

Já vendi centenas de milhares de livros, gerenciei milhões de dólares em campanhas de marketing no Brasil, Austrália, Estados Unidos e Canadá, gerei milhões em vendas para mim e meus clientes, e continuo aprendendo e ensinando o que vivencio em minha jornada.

Minha trajetória foi diferente de muitas pessoas, e, mesmo sem saber, os "Gatilhos Mentais" já faziam parte da minha vida.

Por exemplo... aos 17 anos, logo após me formar no ensino médio, decidi que queria uma vida diferente para mim, e me mudei para Florianópolis.

Na época trabalhava como analista de sistemas e aos 19 anos tive a oportunidade de abrir minha primeira empresa para prestar serviço a outra empresa.

Naquele dia, decidi jogar o jogo que me parecia mais sensato, e comecei a ir atrás de diversos clientes.

Nessa época eu era desconhecido do mercado de tecnologia, mas me associei a um grupo de pessoas importantes.

Agora, preste atenção nisso...

Minha **associação** com esse grupo, de grandes profissionais, abriu muitas portas.

Eu não era considerado "importante"... até começar a aparecer ao lado deles, e isso me ajudou a conseguir clientes e negócios.

Tive inúmeros desafios, que inclusive me levaram à depressão, mas foi uma época de grande aprendizado.

Por que estou falando tudo isso?

Porque quero que veja os "gatilhos mentais" na prática.

O primeiro deles é minha própria história e meus resultados porque **as pessoas AMAM histórias** e se conectam com elas.

É algo que gostamos de contar... e de ouvir. Nosso cérebro é projetado para se conectar com histórias.

Outro "gatilho mental" é o da Autoridade.

Eu estava junto de pessoas influentes... por isso também era considerado uma autoridade.

Fora o "gatilho mental" da antecipação e da "abertura de loops" (quando disse algumas linhas acima sobre depressão).

Entenda isso:

Os gatilhos mentais existem. Funcionam.

Mas você não precisa se preocupar com eles na maior parte do tempo.

Claro, com o tempo e prática você aprende alguns truques e usa de forma consciente cada um deles.

Agora, para irmos direto ao que importa...

Essa empresa que abri em Florianópolis foi a primeira que fali.

Muito trabalho, distante da família, não conseguia mais entregar meus projetos, e voltei resignado para São Paulo.

Um amigo me convenceu a criar uma nova empresa, e investimos 9 meses de trabalho, cerca de R$ 65 mil... e tivemos 4 vendas de R$ 50.

Não preciso dizer que isso quase acabou comigo.

Entrei em uma depressão enorme e queria largar tudo para ir para a Índia.

Mas antes dessa viagem conheci minha esposa, e juntos começamos a dar consultoria para várias empresas, principalmente da área da saúde.

Mesmo assim, estava determinado a encontrar a "fórmula mágica" para criar negócios sólidos.

Quando conheci o marketing digital, acabei conhecendo o mundo do copywriting e das Palavras Que Vendem.

Comecei a escrever cartas de vendas muito fortes. Outras nem tanto.

Mas, mais importante...

Aprendi a criar um SISTEMA estratégico de negócios.

Criei meu site (que à época se chamava CopyCon, hoje mantenho minha marca pessoal sougustavoferreira.com.br e meu Instagram @sougustavoferreira), e desde então falo de estratégias de negócios sólidos, e também sobre vendas, marketing, copywriting e mentalidade para se tornar um empreendedor de sucesso.

Além de construir uma empresa digital sólida, continuo meu trabalho de consultoria, palestras, e participo e invisto em diversos projetos.

Isso só é possível porque tenho uma visão estratégica sólida.

Copywriting, gatilhos mentais e marketing digital são apenas ferramentas.

O que conta, SEMPRE, é a sua estratégia.

Como você se posiciona.

Como você transforma a vida do seu cliente.

E quando você chega nesse ponto... de dia após dia transformando vidas...

Sua própria vida muda.

Lembre disso enquanto ler esse livro:

Esse é um Negócio de Transformar Vidas

Quando você tem o desejo genuíno de transformar a vida do seu cliente, TODOS os "gatilhos" serão ativados automaticamente.

Seu cliente irá SENTIR que você tem esse desejo, e (de forma inconsciente) confiará em você.

Então você contará sua própria história de transformação... contará a transformação de outras pessoas, e você mostrará tudo que seu cliente precisa saber para ver que seu produto ou serviço é a melhor solução para ele (inclusive, se você não tem a melhor solução, você dirá isso).

Por isso, querido amigo e querida amiga, estude os gatilhos para entender como você pode melhorar, mas lembre: não existe um "gatilho mental mágico" que fará vendas, e sim, o conjunto.

Esse livro traz toda minha experiência nesse mundo de negócios de uma forma diferente.

Sem lero-lero, sem falsas promessas.

Apenas aplicação prática para você e seu negócio.

À Sua Riqueza e Felicidade!

PS: toda essa jornada me levou a uma grande realização pessoal e espiritual... e compartilho o convite para você ler meu outro livro "Gatilhos da Alma".

Gustavo Ferreira

IMPORTANTE!

Esse é um livro de vendas e escrita persuasiva.

Algumas regras gramaticais são propositalmente ignoradas.

ETHOS:
A COROA DE FERRO DOS GATILHOS MENTAIS

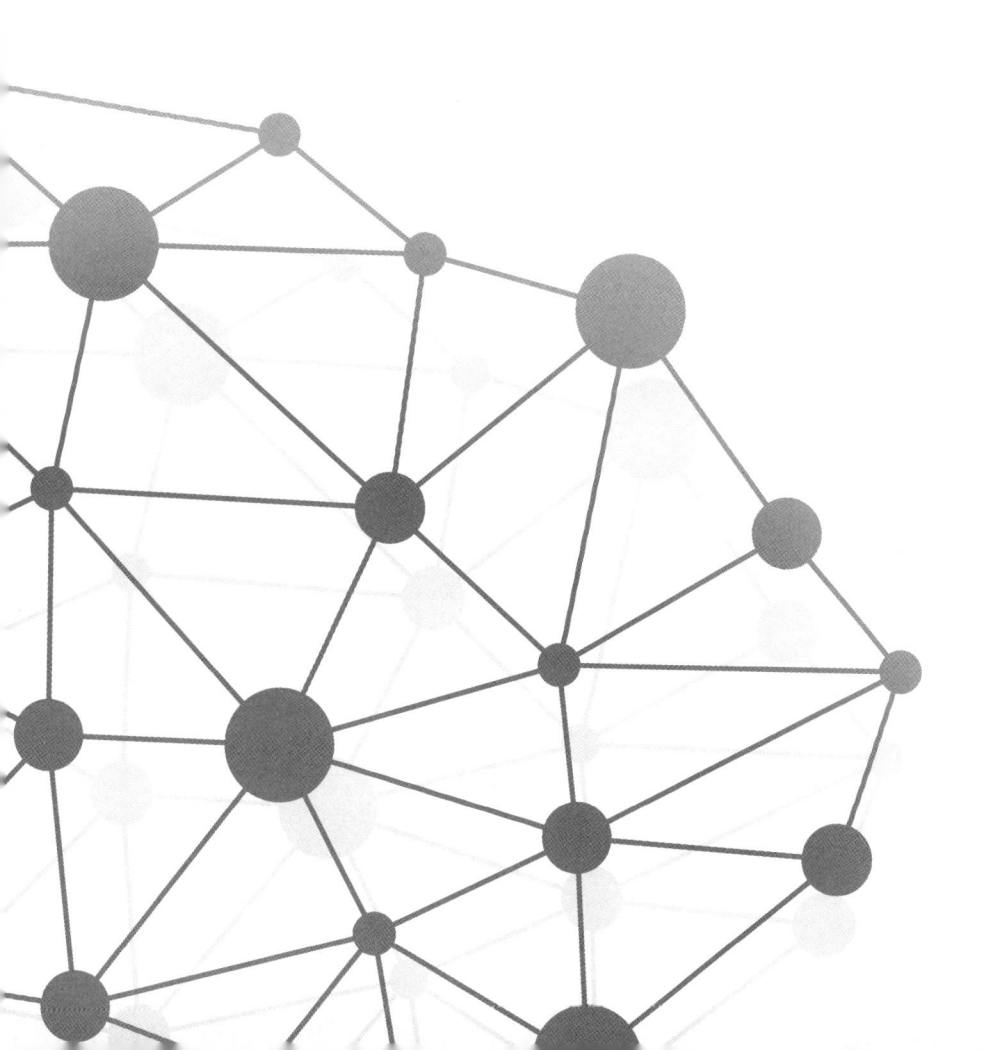

Estudando história grega, vemos um personagem famoso chamado Aristóteles.

E ele era um mestre em retórica.

Posso tentar convencer você de que meu produto é melhor porque tem algo que os outros não têm.

Mas isso não é suficiente.

As pessoas compram de quem elas conhecem, gostam e confiam.

Preste atenção nisso: **conhecem, gostam e confiam**.

Você confia em quem tem autoridade, mostra resultados e vê outras pessoas falando bem.

E esse é o primeiro ponto da dinâmica de Aristóteles.

Para você persuadir e influenciar as pessoas, precisa construir **Ethos**, sua Credibilidade.

Você constrói seus argumentos e põe à prova sua Autoridade e Credibilidade.

Esse é o assunto dessa primeira parte do livro.

Para a "persuasão completa", além da Credibilidade, precisa criar **Pathos**, ativar as emoções.

Medo, angústia, luxúria, prazer...

Ative a emoção correta, e seu cliente escolherá você, o seu produto, e a sua solução.

E agora seu cliente precisa justificar sua escolha.

Logos.

Encerre sua comunicação com argumentos lógicos para ajudar o cérebro "racional" a tomar a decisão final.

E se você está balançando a cabeça de modo afirmativo agora, você entendeu o meu ponto.

Chamo Ethos de **Coroa de Ferro** dos gatilhos porque você precisa se apresentar perante seu cliente como um Rei.

Você tem Autoridade. Você tem poder.

Você tem o que ele precisa e ele pode contar com você para a proteção e sustento.

Lembre-se que os "gatilhos mentais" são uma coisa só.

Por uma questão didática, juntei alguns gatilhos, ou os "mudei de lugar" para o seu melhor entendimento.

Mas preste atenção à **essência** de cada gatilho e como isso se transforma em uma estratégia poderosa para você utilizar.

Nessa primeira seção você aprenderá a colocar a **Coroa de Ferro** em sua cabeça, e criará seu Ethos, sua Credibilidade perante seu cliente.

1 – ESPECIFICIDADE

Quero começar falando de um dos gatilhos mentais mais importantes...

E vou começar com um exemplo.

Imagine que você quer contratar um serviço de limpeza de janelas.

A maioria das empresas diz o seguinte...

"A melhor limpeza de janelas da região."
"Sua janela 100% limpa."

E chamadas parecidas.

Na verdade, esses "slogans" não dizem nada.

Agora, imagine que você encontra o seguinte anúncio:

"Limpo janelas de prédios utilizando o produto X e a tecnologia exclusiva Deep Clean, que permite limpar 2 m² de janelas por mi-

nuto. Como uma janela média de prédio possui 5 m², em apenas 2,5 minutos ela é completamente limpa. Ou seja, em uma série de trabalho de 8h cada limpador é capaz de limpar até 192 janelas. Com nossa exclusiva tecnologia Deep Clean, nós conseguimos um valor diferenciado de apenas R$ 3,00/m², o que gera um valor total de apenas R$ 2.880,00 para cada 192 janelas."

Você consegue perceber a diferença entre uma comunicação vaga e uma comunicação específica?

É muito diferente quando você compra um produto físico, que você vai até a loja, pega na mão, sente, vê... do que quando compra um produto digital ou um serviço.

Se você vai em uma loja comprar tinta, sabe exatamente que o balde que você tem em mãos tem 25 litros e é da cor branco marfim.

É diferente de um serviço, que você não consegue medir, ou tocar.

Por isso você precisa ser específico, descrever em detalhes o que você oferece.

Quando você é específico, ativa duas coisas na mente das pessoas.

A primeira, é a curiosidade.

Por exemplo:

*"4.5 Passos Para Você Emagrecer
Sem Dietas Absurdas, Nem Horas de Exercícios"*

Claro, fiz isso de forma proposital.

Não são 4 passos. Também não são 5. São 4 passos e meio para você emagrecer.

Isso gera uma curiosidade tremenda.

Falar "2.324 pessoas", é melhor do que falar "mais de duas mil pessoas".

97,3%, é melhor que 95%.

Quando você usa números quebrados, cria a impressão de que é um número realmente preciso e calculado.

E quando você trabalha a especificidade desta forma, você ativa o segundo ponto na mente das pessoas:

Confiança e Autoridade.

Se você consegue descrever o seu serviço (ou seu produto) de forma que as pessoas saibam <u>exatamente</u> no que elas estão entrando, a confiança delas aumenta muito.

As pessoas confiam mais em você porque você elimina dúvidas.

Você dá o conforto psicológico para que elas acreditem que o que você diz é verdade.

Com a confiança, a autoridade vem de forma natural.

São "gatilhos" que andam juntos.

Na prática...

Algumas pessoas dizem que você precisa sempre trabalhar os números quebrados ou números ímpares.

Na verdade, números ímpares realmente geram uma percepção maior de que é algo importante.

Veja, isso gera uma <u>percepção</u>. É a <u>impressão</u> de que algo é específico que gera todos os efeitos que falamos antes.

Mas hoje, como muita gente usa números ímpares, percebo que consigo chamar mais a atenção com números pares.

Porém, entenda que isso também não é algo que tornará a sua campanha de vendas 10 vezes melhor do dia para a noite (números pares ou ímpares).

São pequenos testes que você deve rodar ao longo do tempo que gerarão incrementos.

Por isso, o mundo do marketing de resposta direta só funciona quando você CONTROLA seus números.

Você precisa saber que uma página de vendas com "números pares" tem 2% de resposta, e quando você roda um teste paralelo com "números ímpares", aumentou para 2,3% a conversão.

Você não controla o que você não mede.

Nenhum especialista no mundo pode dizer que uma estratégia irá funcionar melhor ou pior se não estiver medindo na ponta do lápis o resultado de cada ação.

Voltando ao gatilho de ser específico, você pode usá-lo de várias formas.

Por exemplo, em títulos de artigos, assuntos de e-mails e ganchos em vídeos para mídias sociais, <u>geralmente</u> quando você informa números específicos, consegue mais cliques.

Veja esses exemplos:

"Assuntos Para Usar Em Seus E-mails"

"14 Assuntos Para Usar Em Seus E-mails"

Lembre-se, <u>geralmente</u> o segundo converterá melhor porque é mais específico... e ativa a curiosidade.

Por que estou enfatizando o "geralmente"?

Porque nada substitui um teste.

Sei de uma empresa que publicou um artigo seguindo a regra de ser específico e conseguiu um número de cliques na matéria.

Pouco tempo depois, um usuário republicou a mesma matéria, mas sem o número específico... e eles tiveram 3 vezes mais cliques.

Quando se trata de pessoas, não há regras verdadeiras 100% do tempo.

Por isso no copywriting não existem "palavras mágicas".

Existem estruturas e comunicações <u>estratégicas</u> que ativam desejos e emoções.

Mas toda a emoção do mundo não serve para nada se você não souber construir uma estratégia de negócios sólida, e é disso que esse livro trata.

Continuando os exemplos, compare esses dois agora:

"3 Técnicas Simples Para Vender Mais"

"3 Técnicas Simples Para Você Vender Mais"

A única diferença é a palavra "você".

Em suas chamadas, quando você usa essa palavra, mais uma vez tende a ter mais respostas.

Meu recorde foi usar 5 vezes a palavra você em uma mesma frase (Jon Benson conseguiu 7).

Agora vamos continuar...

"3 Técnicas Simples Para Você Vender Mais"

"3 Técnicas Simples Para Você Vender Mais - mesmo que você já tenha feito de tudo"

Demos um passo além, e adicionamos uma retirada de objeção.

Muitos poderiam pensar *"ah, mas já fiz tanta coisa, isso é só mais um texto com enrolação"*.

Mas o fato de você contornar essa objeção logo na sua chamada principal, tende a atrair mais interessados.

Agora, vamos pegar outro exemplo:

"Sessão de Massagem Nos Pés"

"Sessão de 45 Minutos de Massagem Nos Pés, sem cremes, e tempo aproximado em cada pé de 20 minutos."

Novamente, você consegue perceber como a segunda chamada é muito mais atrativa?

Quanto mais específico você for na sua chamada (e também na descrição dos seus benefícios), mais tende a ter uma resposta positiva.

Você pode usar isso em artigos, anúncios, cartas e vídeos de vendas, chamadas em vídeos, etc.

Dando um passo além, hoje é comum criar cartas e vídeos de vendas para a venda de produtos.

Há duas formas poderosas para você usar esse gatilho.

A primeira é logo no gancho principal da sua comunicação.

Por exemplo (e isso vale tanto para cartas escritas quanto vídeos)...

Você pode criar um gancho como esse, logo no início da sua comunicação:

"Você vai descobrir os 4 passos que segui para conseguir <alcançar objetivo: vender mais, emagrecer, relaxar, etc.> e como você também pode fazer o mesmo."

Ou de outra forma:

"Você vai descobrir como <objetivo: emagreci 5 kg, ganhei R$ 10 mil> em <tempo: 2 semanas, 1 mês> e como você também pode fazer o mesmo."

Lembre-se, quanto mais específico, melhor.

Você desenvolve sua história (veja o gatilho de storytelling), e explica quais são os passos, ou como você atingiu o objetivo proposto.

E na hora de apresentar seu produto, detalhe o que há dentro dele, por exemplo:

"Você recebe 8 horas e 20 minutos de conteúdo dividido em 3 módulos. O primeiro módulo é sobre <tema>, e você vai encontrar <conteúdo 1, conteúdo 2 e conteúdo 3>. O segundo módulo, etc., etc., etc."

Seja o mais específico que puder e foque nos benefícios principais para seu cliente.

Aqui uma técnica interessante que você pode usar é a seguinte:

Pense em quatro tópicos principais para listar em cada módulo ou parte do seu serviço, e o último item (o quinto), você diz *"E muito mais"*.

Por exemplo...

"No módulo 1 você recebe...
- *Conteúdo 1*
- *Conteúdo 2*
- *Conteúdo 3*
- *Conteúdo 4*
- *E muito mais"*

Sugiro isso principalmente se for um vídeo de vendas. Se for uma carta de vendas, sugiro colocar todos os conteúdos detalhados nesse formato de bullets.

Quando você monta sua comunicação, lembre-se que é <u>sempre</u> sobre seu cliente e o que ele ganha, e não sobre você.

Evite falar *"Como Eu Emagreci"*, e fale *"Como 82 Pessoas Já Emagreceram"...*

Reforce os benefícios.

Em vez de falar apenas *"Guia de Alimentação com 47 receitas"*, diga *"Você nunca mais precisará se preocupar com qual refeição fazer com essas 47 receitas do Guia de Alimentação."*

Desenvolva isso ao longo de toda sua comunicação e seu resultado será extraordinário.

2 – AUTORIDADE

Esse é um gatilho mental simples, poderoso... e que faz parte dos que você realmente precisa prestar atenção.

Imagine o seguinte...

Se você tivesse que escolher entre duas pessoas para dar uma palestra... um dos candidatos é totalmente desconhecido... o outro escreveu um livro e apareceu no jornal...

Quem você escolheria?

Com 97,3% de certeza (lembra-se do gatilho da "especificidade"?), você escolherá o segundo.

Por quê?

Porque ele PARECE ter uma autoridade maior.

Ele pode ser uma fraude... mas se você já tem a percepção de autoridade sobre ele, a probabilidade é que você o escolherá.

Da mesma forma, se você precisa escolher entre alguém que é um total desconhecido, e outra pessoa que tem centenas de vídeos no Youtube e milhares de inscritos, milhões de curtidas na página social, bons artigos, e dezenas de vídeos de depoimentos de pessoas falando bem dele...

Essa pessoa <u>parecerá</u> que tem mais autoridade.

Veja como isso é interessante.

Mesmo que essa pessoa "famosa" fale e faça coisas que em uma análise fria se mostra altamente questionável...

Muitos "seguidores" ficarão com ela até o fim.

Há muitas implicações éticas nisso, se essa pessoa cruzar o limiar da inocência para a enganação, mas não vou me estender nisso aqui.

(em minhas redes sociais, e-mails e meu site falo sobre isso)

Existe outra vantagem também de ter essa legião de seguidores e de uma forma muito poderosa você consegue muitas vendas e exposição.

Mas vou falar disso no gatilho da Polarização.

Por ora, lembre-se apenas que você naturalmente passa a ser reconhecido como um expert quando você constrói um "lastro" de conteúdo, ganha exposição e aparece em diversos canais.

Se junto disso você trouxer conteúdo realmente transformador, poderá despontar no seu nicho e dificilmente será alcançado.

A autoridade é muito poderosa.

Robert Cialdini cita muito bem um exemplo de uma experiência que ele fez em um hospital.

Ele pediu para a enfermeira um medicamento controlado apenas falando que o "doutor" (que nem existia no hospital) precisava dele.

A enfermeira, sem questionar, foi atrás do medicamento e o forneceu sem problemas.

Esse é apenas um exemplo do poder da autoridade.

Você se torna quase inquestionável.

Na prática você pode usar esse gatilho da seguinte forma...

Você pode falar o título que você tem de formação, como Mestre, Doutor, PhD, etc.

Você também pode falar há quanto tempo está no mercado e porque você é um especialista no ramo.

Por exemplo, minha autoridade em negócios surgiu porque dou consultoria para empresas de diversos portes e segmentos há anos.

Além disso, tenho no meu currículo várias empresas com níveis de sucesso diversos, já passei por diversas "crises" (do mundo real e do digital).

Também tenho minha própria empresa e múltiplos empreendimentos (nacionais e internacionais), e há anos venho aplicando praticamente todas as estratégias de marketing e negócios possível.

Estar nas trincheiras do mercado me permite sempre testar diversas estratégias e continuar crescendo.

Toda essa experiência me torna uma autoridade no assunto, tanto de negócios quanto de copywriting.

Outra forma poderosa para você construir autoridade é mostrar os seus resultados, porém vou falar mais disso no gatilho mental da Prova.

Agora, veja...

Por que você deve se preocupar com esse gatilho em específico?

Porque uma autoridade nós não questionamos.

Se alguém que você confia (tem autoridade) falar algo para você, você irá ouvir.

Existem muitas formas de construir autoridade e já vimos algumas.

A mais comum e propagada é você criar conteúdo de valor para seu cliente, através de posts no seu site/blog, vídeos no YouTube, Facebook, Instagram, Tiktok, e outras redes.

Essa é uma prática importante, e que "se paga" ao longo do tempo.

Por exemplo...

Meu site pessoal atrai cerca de 2 mil pessoas por mês de forma orgânica, ou seja, sem investir em tráfego pago.

Como faço questão de entregar bastante conteúdo, muitos se interessam e me seguem, compram meus livros, e até mesmo tentam me contratar.

Preste atenção nessa palavra: <u>tentam</u> me contratar. Falamos mais disso na Escassez.

Há várias formas para você criar a sua autoridade.

Uma delas, sem ironia, é você escrever um livro. (por que você acha que escrevi diversos livros?)

Por que isso?

Primeiro porque muitas pessoas dizem que querem escrever um livro... porém quantas realmente o fazem?

Além disso, nós reconhecemos escritores como pessoas intelectuais que dominam o seu tema, logo são considerados *experts*.

Por isso, ter o seu livro se torna tão importante.

E há vários reflexos diretos no seu negócio.

Por exemplo, você pode começar a dar palestras, treinamentos e mesmo consultoria sobre o tema que você domina.

O meu próprio trabalho cresceu muito graças ao meu primeiro livro, *Copywriting: Palavras que Vendem Milhões*, e depois por esse mesmo livro *Gatilhos Mentais*.

Apenas pela Autoridade que construí com meus livros, geraram oportunidades milionárias em minha vida.

Além do reconhecimento do mercado e de trazer uma informação de qualidade, trouxe vários clientes novos que pagaram valores altos pelo meu trabalho.

Da mesma forma, com seu livro você pode ir até mesmo para a TV divulgá-lo, ou fazer o mesmo em rádios, jornais, revistas, etc.

Agora, em termos mais práticos e diretos...

Aplicação Prática de Estratégias de Negócios

Há uma estratégia de marketing chamada **"Funil Monstro"**.

Essa estratégia é poderosíssima e consiste em atrair o máximo possível de pessoas para o seu funil de vendas.

Você NÃO oferece "iscas gratuitas" e vende diretamente o seu livro.

Faço essa estratégia como base da minha empresa, através da venda dos meus livros, e uma empresa que fatura US$ 600 milhões por ano usa exatamente essa estratégia também (na verdade, aprendi isso com eles).

O seu livro (ou qualquer outro produto que você tenha), se torna seu produto de entrada, e você pode vendê-lo até por R$ 97,00.

O que eu sugiro é o seguinte…

Foque em um produto inicial com uma faixa de valor máxima de R$ 97,00.

(eu trabalho muito com R$ 7,00 e R$ 47,00 mas já tive sucesso com diversos valores).

Aqui está porque:

Valores abaixo de R$ 50,00 muitas pessoas estão dispostas a pagar porque é uma sensação psicológica que você não precisa dar satisfação para ninguém por essa compra.

No mundo do "marketing digital", os "gurus" dizem para você criar uma isca gratuita para construir sua lista e vender, mas essa conta não fecha.

Muitas vezes, atrair pessoas que só querem conteúdo gratuito, reflete em MENOS vendas.

Enquanto uma lista de compradores… aumenta de 3 a 6 vezes seu resultado ao longo do tempo.

Para você entender meu ponto, vivo rodando testes para ter certeza de que o que estou fazendo está certo…

Para atrair um "lead", ou seja, alguém que quer conteúdo de graça, invisto cerca de R$ 6,00 a R$ 8,00.

Para atrair um "cliente", ou seja, alguém que está disposto a pagar R$ 7,00, invisto em média R$ 12,00.

Sim, eu "perco" R$ 5,00 na primeira compra.

Mas existe um conceito chamado Customer Lifetime Value (CLV), ou valor do cliente ao longo do tempo.

Meu CLV é de R$ 60,00 em média.

Ou seja, invisto próximo de R$ 12,00 e ao longo de seis meses, aproximadamente, faturo de volta R$ 60,00.

500% de lucro.

Em contrapartida, cada lead gera em média R$ 16,00 de faturamento ao longo de um ano.

Vamos analisar 100 "leads" e 100 "clientes".

Para atrair 100 leads, invisto R$ 600,00 e recupero R$ 1.600,00. R$ 1.000,00 de "lucro".

Para atrair 100 clientes, invisto R$ 1.200,00 e recupero R$ 6.000,00. R$ 4.800,00 de "lucro".

Lucro está entre aspas porque há impostos, custos operacionais, etc.

Uma lista de clientes tem vários benefícios...

1. Muitos estão dispostos a comprar novamente...
2. Você já é considerado uma autoridade (principalmente se o seu conteúdo surpreender)...
3. É uma lista mais responsiva (em aberturas de e-mails, e, obviamente, vendas)...

Eu disse que esse é um livro de estratégias de negócios.

Não é o lero-lero que você encontra por aí.

O objetivo dessa estratégia de criar uma lista de clientes, é vender produtos de maior valor agregado depois (detalho isso em meu livro Cartas de Ouro Para Empreendedores).

Há algumas estratégias que você pode utilizar para vender seu livro (e adapte se for outro produto).

Uma delas é colocando o seu livro diretamente na Amazon, e deixar que as vendas ocorram de forma automática.

Procure títulos e descrições fortes e faça uma pesquisa de palavras-chave. Da mesma forma que as pessoas procuram no Google, elas também procuram na Amazon.

Além de deixar rodando no "automático" na Amazon, o ideal é você criar uma campanha para divulgá-lo.

Uma das formas mais agressivas e eficazes de fazer essa campanha (principalmente se você tem o livro impresso), é de divulgá-lo diretamente de forma gratuita e as pessoas pagam apenas o frete.

Veja que novamente essa é uma estratégia que aceita e é desenhada para você ter prejuízo na sua primeira venda.

Parece estranho, mas esse é o jogo de várias empresas que conhecem o mundo do marketing de resposta direta.

Um outro formato menos agressivo, porém também eficaz, é você construir uma audiência ao redor do seu nome.

Por exemplo, muitas pessoas conhecem o meu trabalho e recebem conteúdos gratuitos através das minhas redes sociais.

Porém, em quase todas essas comunicações, enfatizo a venda dos livros, cursos ou outros serviços diferenciados. Quem compra um material, de tempos em tempos recebe um conteúdo exclusivo e diferenciado.

Ou seja, trabalho outros "gatilhos mentais", como a escassez e exclusividade, entregando material diferenciado para quem faz parte do "clube das pessoas legais".

Bem, essa é uma das formas práticas de você trabalhar esse "gatilho".

Agora preste atenção...

Esta é apenas uma das formas para você desenvolver sua autoridade e aplicar no seu negócio.

Outra forma muito importante que agrega muito valor na construção da sua autoridade é você utilizar o telefone.

Lembre-se que pessoas compram de pessoas.

Se você trabalha para construir uma imagem de autoridade, alguém que ajuda a transformar a vida das pessoas, elas tendem a confiar em você.

Porém, como você pode agregar ainda mais valor na vida delas?

Uma conversa ao telefone pode ser muito poderosa.

Alguns "gurus" ensinam que com o marketing digital você não precisa nada disso, e se você conseguir vender para 2% da sua lista de leads, você já é um campeão de vendas.

Sério, isso é ridículo.

Não sou *expert* no telefone, e converto 40% das ligações em vendas. Um dos meus mentores converte 90%.

(e mesmo quando não uso o telefone, consigo de 10% a 20% de upsells para produtos *high-ticket*)

Uso o telefone como estratégia em duas situações.

A primeira é quando já estou com uma campanha de vendas rodando, seja um lançamento ou um "funil automático" (uma sequência de e-mails já configurada).

Através do meu sistema, identifico as pessoas mais interessadas, e envio um e-mail exclusivo com um número de telefone para que elas liguem, tirem dúvidas e fechem.

Se você trabalha com grupos de WhatsApp, pode entrar em contato diretamente com todos que entrarem nele.

No mundo do marketing digital, há vários pseudogurus dizendo que você não precisa mais falar com as pessoas.

Porém, falar com elas ao telefone (e mensagens diretas via WhatsApp, até mesmo pelo seu perfil do Instagram) para tirar dúvidas e concluir a venda aumenta MUITO a sua taxa de conversão.

A outra abordagem que também utilizo o telefone é através de consultorias de 30 minutos.

Há duas formas que você pode fazer isso.

A primeira é oferecer 30 minutos de consultoria gratuita para as pessoas tirarem dúvidas.

Lembre-se, você precisa resolver o problema delas DE VERDADE. No final, você identifica o produto que melhor servirá para comprarem.

Outra forma que você pode fazer isso é cobrar R$ 100,00 (ou qualquer outro valor) por esses mesmos 30 minutos.

Você pode dizer que se a pessoa não considerar que foi uma conversa incrível você devolverá o dinheiro.

E se ela decidir investir em outros programas e cursos seus, você abaterá o valor já investido.

Veja, algumas pessoas podem considerar arriscado cobrar R$ 100,00 por 30 minutos de consultoria.

Mas se você é um bom profissional e consegue transformar a vida das pessoas nesses 30 minutos, elas sairão satisfeitas.

E acredite, se alguma delas pedir o dinheiro de volta, agradeça.

Porque várias vezes esses são os clientes que mais dão dor de cabeça para você.

Outra forma muito poderosa para você alavancar a sua autoridade é através de eventos presenciais (e isso também inclui eventos como podcasts, entrevistas, palestras, treinamentos, presenciais e online).

Quando vemos alguém palestrando diante de várias pessoas, também assumimos que ele é uma autoridade.

Eventos presenciais são muito bons porque além da construção imediata de autoridade você também consegue realizar muitas vendas, diretas e indiretas.

Um dos meus mentores, Justin Devonshire, construiu em 30 dias um negócio que saiu do 0 a US$ 100 mil.

Não sugiro você fazer o mesmo porque a carga de estresse é muito alta, mas aqui está o caminho:

Divulgue para várias pessoas seu evento presencial de forma gratuita.

Entregue o seu melhor nesse evento, planeje umas duas horas de conteúdo.

Ao final do evento faça uma oferta.

Ofereça o produto que é o caminho natural para continuar o conteúdo da palestra.

Se você fizer isso para 20 pessoas, e 2 comprarem um produto seu de R$ 500,00, e você repetir a dose mais 4 vezes no mês, você tem uma "renda extra" de R$ 5 mil.

Claro, as conversões nesses eventos tendem a ser maiores (50%), e sua autoridade decola.

E, por fim, completando a construção da autoridade, procure se associar com pessoas importantes.

Por exemplo, não somos "melhores amigos", mas sou cliente e tenho contato razoável com grandes nomes do mercado, principalmente nos Estados Unidos.

Como disse, não somos melhores amigos. Mas eles me conhecem.

Aqui no Brasil divulgo pouco minha associação com personagens famosos, mas me associo com pessoas de negócios importantes.

Até mantenho trabalhos e um relacionamento excelente com o dono de um grupo de 21 empresas que fatura milhões por mês.

Ainda falamos por telefone e dou consultoria para ele (mesmo sendo eu que tenho muito mais a aprender com ele).

Percebe como só o fato de <u>falar</u> que tenho esse relacionamento já aumenta minha autoridade?

E veja agora também um outro ângulo.

Mais da metade da minha lista de e-mails é feita de compradores de alguns dos meus livros (sendo que quase dois terços deles compraram mais de um produto).

Tenho "seguidores" e "clientes" que continuam me acompanhando (e comprando) há mais de 10 anos.

Qualquer indicação que eu fizer para essas pessoas, elas confiarão na minha palavra.

O seu poder de indicação também aumenta muito, e é por isso que youtubers e outras pessoas famosas são pagas para indicarem produtos.

Porque a palavra deles têm Autoridade.

E quando você constrói o que Jay Abraham chama de "Negócio Preeminente"...

Você cria uma autoridade enorme no seu mercado. Você vira referência no assunto.

As pessoas começam a indicar seu trabalho.

E QUALQUER COISA que você tentar vender... conseguirá.

Por isso a Autoridade é um dos elementos da Coroa de Ferro.

Seu objetivo é se tornar referência e "famoso" no seu nicho.

Quando isso acontece, você tem um mar enorme de dinheiro à sua frente.

3 – PROVA SOCIAL

Imagine o seguinte:

Você está visitando uma cidade e vê dois restaurantes.

O primeiro está cheio de gente. O segundo está vazio, quase às moscas.

Qual restaurante você escolhe?

Esse é o exemplo mais simples do que é a prova social.

Quando precisamos tomar decisões, procuramos referências de outras pessoas para nos auxiliar nesse momento.

Pensando no mundo do marketing digital, isso é muito comum com os depoimentos, seja em vídeos ou prints de pessoas falando bem de você no Facebook.

Mas, na prática, como isso se aplica ao seu negócio?

Veja, a prova social hoje é endeusada.

Há uma idolatria por vídeos de depoimentos.

Entenda que isso é importante…

Porém, imagine que você vai em uma loja e pergunta para outras pessoas o que elas acham.

De forma curiosa todas apenas falam bem do produto da loja e parece que você está entrando em um mundo perfeito.

Não há falhas, é fácil, é simples, é rápido, e tudo que você pode imaginar de bom você vai encontrar.

Eu não sei você, mas isso em exagero (como costuma acontecer), soa como uma fraude.

Até porque, novamente no mundo do marketing digital, muitos produtores fazem concursos para presentear as pessoas que deram os melhores depoimentos.

Ou seja, são depoimentos comprados.

E fica aquela discussão… depoimentos são realmente necessários?

Entra em cena um dos maiores copywriters do mundo hoje, Doug D'Anna.

Ele rodou um teste simples. Em uma página de vendas ele adicionou os depoimentos... em outra não.

Fora isso, as páginas eram idênticas.

O resultado? A página sem depoimentos converteu 20% mais do que a outra.

Na prática, lembre-se que você precisa testar sempre.

Em uma das minhas páginas de venda, após colocar os depoimentos, aumentei quase 30% o volume de vendas.

Entenda que hoje as pessoas estão saturadas de ofertas e todas com depoimentos "perfeitos". Mas os produtos não funcionam.

As pessoas estão ficando céticas.

Lembre-se que depoimentos falsos e artificiais podem afastar os seus clientes. Sempre que possível, estimule "reviews" positivas dos seus produtos e serviços, e aceite as negativas como um gatilho para melhorar o que você oferece.

A regra de ouro do marketing de resposta direta é testar. Sempre.

Veja que há mais formas do que apenas depoimentos para ativar este gatilho.

Uma delas muito simples quando divulgo meu livro, mostro essas imagens da Amazon:

Mais Vendidos em Livros

#3

Gatilhos Mentais: O Guia Completo com...
› Gustavo Ferreira
★★★★½ 14.182
Capa comum

Gatilhos Mentais: O Guia Completo com Estratégias de Negócios e Comunicações Provadas Para Você Aplicar Capa comum – Edição padrão, 22 março 2019

Edição Português | por Gustavo Ferreira (Autor)

4,6 ★★★★★ ∨ 14.182 avaliações de clientes

1º mais vendido em Comércio on-line

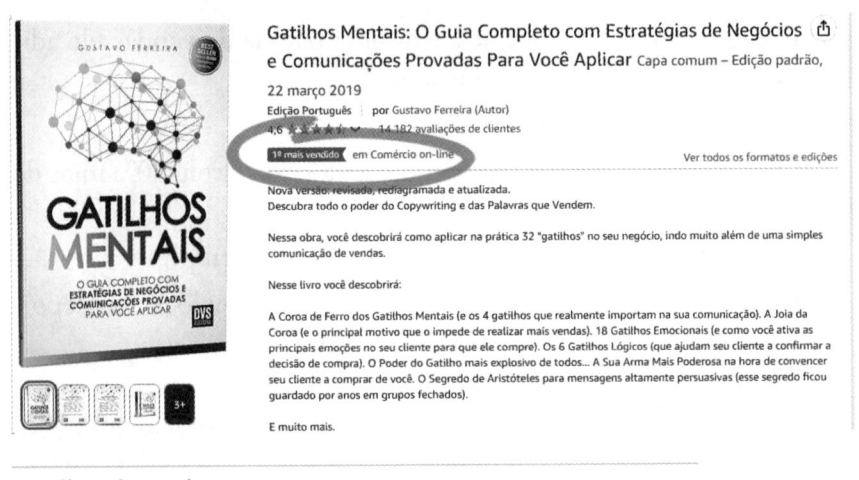

Ver todos os formatos e edições

Nova versão: revisada, rediagramada e atualizada.
Descubra todo o poder do Copywriting e das Palavras que Vendem.

Nessa obra, você descobrirá como aplicar na prática 32 "gatilhos" no seu negócio, indo muito além de uma simples comunicação de vendas.

Nesse livro você descobrirá:

A Coroa de Ferro dos Gatilhos Mentais (e os 4 gatilhos que realmente importam na sua comunicação). A Joia da Coroa (e o principal motivo que o impede de realizar mais vendas). 18 Gatilhos Emocionais (e como você ativa as principais emoções no seu cliente para que ele compre). Os 6 Gatilhos Lógicos (que ajudam seu cliente a confirmar a decisão de compra). O Poder do Gatilho mais explosivo de todos... A Sua Arma Mais Poderosa na hora de convencer seu cliente a comprar de você. O Segredo de Aristóteles para mensagens altamente persuasivas (esse segredo ficou guardado por anos em grupos fechados).

E muito mais.

Detalhes do produto

Editora : DVS EDITORA; 1ª edição (22 março 2019)
Idioma : Português
Capa comum : 144 páginas
ISBN-10 : 8582892101
ISBN-13 : 978-8582892107
Dimensões : 22.8 x 15.8 x 1 cm
Ranking dos mais vendidos: Nº 3 em Livros (Conheça o Top 100 na categoria Livros)
Nº 1 em Comércio on-line
Nº 1 em Vendas e Vendedores
Nº 1 em Web Marketing
Avaliações dos clientes: 4,6 ★★★★☆ ∨ 14.182 avaliações de clientes

---

Se muitas pessoas estão comprando e avaliando bem, deve ser bom.

Nesse caso específico da Amazon, as reviews dos clientes também fazem um papel fundamental na diferenciação da concorrência, porque há muitos depoimentos sinceros, inclusive negativos.

Outra forma é mostrar a quantidade de pessoas dentro dos seus grupos fechados, e mesmo mostrar de forma real a quantidade de vendas que você já fez do seu produto.

Por exemplo:

"986 pessoas já compraram o meu primeiro livro"

"Junte-se a mais de 1.947 empresários comprometidos em alavancar os seus negócios"

"Veja como 12.842 mulheres emagrecem dia após dia sem dietas malucas"

Esses são exemplos simples, que você pode aplicar de forma rápida.

Agora, que outras formas de prova social você pode usar?

Na minha opinião essa história de "qual é o melhor gatilho", "qual gatilho uso", é uma perda de tempo.

Gatilhos são estruturas inerentes do nosso cérebro e eles se misturam.

A prova social se mistura com o gatilho da prova.

Em muitos casos é muito mais marcante você apresentar um estudo de caso, contando em detalhes a história de outras pessoas.

Faça isso através de uma análise detalhada ou com um depoimento da pessoa realmente contando a história dela.

É melhor ter UM bom depoimento e UM bom estudo de caso, do que dezenas de depoimentos fracos, sem sentido, e sem noção.

Da mesma forma, reforçando a sua Autoridade, se mostre à frente de uma plateia, e tenha fotos e filmagens desse momento.

Porque isso reforça sua autoridade. Você vai parecer e projetar a imagem de alguém confiável.

Entenda que os gatilhos se entrelaçam, são uma coisa só.

Mas vamos voltar aos depoimentos.

Como você pode apresentá-los para ter o melhor resultado?

Sempre que você oferece um produto ou serviço, as pessoas têm dúvidas e objeções.

Por exemplo, em meu antigo Programa Elite (e hoje em meu livro *E-mails que Vendem*), falo de muitas técnicas de e-mail marketing.

Duas das maiores objeções que tenho, que são perguntas que sempre recebo, são:

1. E se eu tiver uma lista de e-mails pequena?

2. Isso realmente funciona?

A primeira é uma objeção específica do meu produto.

A segunda é uma objeção que quase todos enfrentam.

Busquei dois depoimentos de pessoas exatamente nessa situação e coloquei em pontos estratégicos da minha carta de vendas.

Por exemplo, uma pessoa saiu do zero e construiu a lista dela com as técnicas que apresentei.

Outra pessoa me avisou pelo Skype que não tinha vendas com a lista que tinha.

Ela me disse isso:

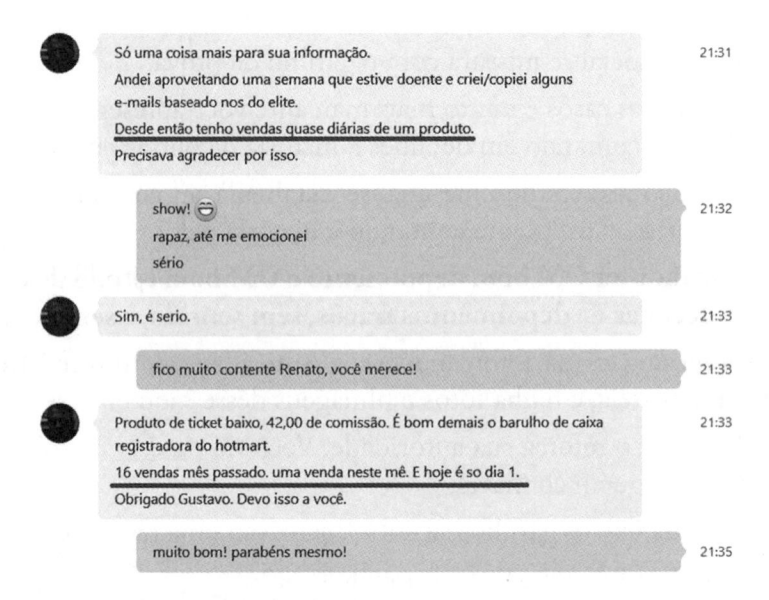

> Só uma coisa mais para sua informação. 21:31
> Andei aproveitando uma semana que estive doente e criei/copiei alguns e-mails baseado nos do elite.
> <u>Desde então tenho vendas quase diárias de um produto.</u>
> Precisava agradecer por isso.
>
> show! 😊 21:32
> rapaz, até me emocionei
> sério
>
> Sim, é serio. 21:33
>
> fico muito contente Renato, você merece! 21:33
>
> Produto de ticket baixo, 42,00 de comissão. É bom demais o barulho de caixa registradora do hotmart. 21:33
> <u>16 vendas mês passado. uma venda neste mê. E hoje é so dia 1.</u>
> Obrigado Gustavo. Devo isso a você.
>
> muito bom! parabéns mesmo! 21:35

ISSO é um bom depoimento.

Esses são alguns exemplos de como você pode utilizar a prova social.

Identifique perguntas comuns do seu produto e do seu serviço e procure pessoas que passaram pela mesma situação e a superaram.

Lembre-se, cuidado para não exagerar.

Mas há outras formas para você usar a prova social.

Por exemplo, um hotel colocou uma mensagem mais ou menos assim em seus quartos:

82% dos hóspedes utilizam a toalha mais de uma vez, e isso nos ajuda a preservar o meio ambiente.

O que aconteceu?

Ainda mais hóspedes passaram a economizar toalhas.

Porque esse é o tipo de mensagem que faz nos adaptarmos ao ambiente. Se outras pessoas fazem, nós também temos uma tendência a fazer.

Nós entramos em conformidade... para sobreviver.

Esse é o movimento natural de sobrevivência das espécies.

Sim, sem isso a espécie humana provavelmente teria morrido na selva.

Se você se comportar sempre fora do padrão da sociedade você é excluído.

Da mesma forma, a prova social pode ser usada do jeito errado.

Um parque nos Estados Unidos colocou uma placa com os seguintes dizeres:

43% das pessoas levam alguma coisa do parque embora. Não faça isso. Preserve a natureza.

O efeito foi o contrário. As pessoas entenderam como "já que muita gente faz isso, é uma atitude que pode ser repetida".

"Se outros fazem, eu posso fazer também."

Esse é um dos motivos que eu não vou em manifestações contra violência. Apenas vou em manifestações pela paz.

Veja como toda a nossa comunicação influencia as nossas ações e o nosso ambiente.

A vida, os negócios, a comunicação persuasiva, é muito mais do que a escolha de um ou outro "gatilho mental".

Outra forma que você também pode aplicar a prova social é mostrar em seu site (novamente, desde que seja real) quantas pessoas estão visualizando aquele produto naquela hora.

A Amazon faz isso muito bem. Ela mostra "pessoas que compraram isso também compraram aquilo".

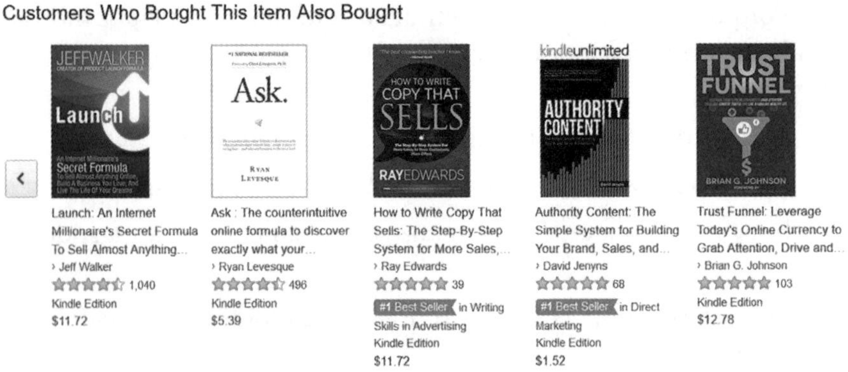

Alguns sites de viagem também usam isso e juntam com escassez.

Falam que há mais pessoas online, que você tem um desconto e "só resta 1 quarto".

E ainda completam com "urgência: o desconto é válido por apenas 2 horas" ou "apenas naquele dia".

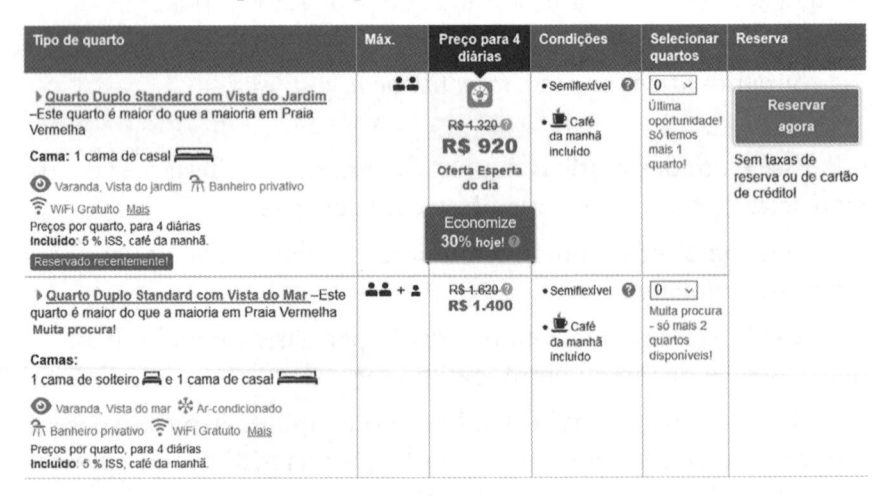

Como esse é um livro de negócios, também há dois truques extras de prova social que você pode usar.

Se você apareceu em uma notícia em algum portal ou site, pode colocar a referência: "Como visto na Globo", por exemplo.

Se você tem uma loja física, pode combinar de tempos em tempos com sua própria equipe (se for intervalo e estão voltando ao trabalho), para pararem e ficarem vendo algumas peças de roupa...

Se há movimento, se há filas, chama a atenção.

E, por fim, muitas pessoas querem saber como deve ser a estrutura de um depoimento, e também é muito simples.

O depoimento das pessoas deve conter:

1. Quem elas são (nome, o que faz/fazia, e de onde são)...
2. Como era a vida delas ANTES de você e do seu produto...
3. Como é a vida delas agora.

Essa é a estrutura básica.

Gosto também de juntar Prova Social com Prova. Naquele depoimento que recebi dos e-mails, a pessoa ainda me mandou o print do extrato de vendas dela.

E lembre-se...

Se você mostrar a história das pessoas falando e superando pontos específicos de dúvidas e objeções do seu produto, você tem ouro na mão.

Mas quero reforçar com você agora o que falei no começo.

É importante, mas não superestime os depoimentos.

As pessoas estão ficando cada vez mais céticas, e se houver qualquer indício de que seus depoimentos são falsos ou comprados, isso pode afastar muitos clientes.

Há outras formas para você usar esse "gatilho".

Assim como na Autoridade, você pode mostrar fotos de eventos, com pessoas participando, fotos com outras pessoas que já são consideradas autoridade.

O máximo que você conseguir mostrar que é "social" e que as pessoas gostam de você e das suas soluções, melhor.

4 – ESCASSEZ

Agora vamos falar do gatilho mental mais usado do mundo.

No mundinho do marketing digital parece que é o único que sabem fazer.

Pior, fazem malfeito.

Infelizmente, muitas pessoas só agem quando percebem que vão perder alguma coisa.

Isso é normal, faz parte da natureza humana.

Se você sabe que um recurso sempre está disponível, você perde a urgência em obtê-lo.

Imagine o seguinte:

Você se interessa por um curso de violino.

É algo que você até tem vontade, mas a escola do lado da sua casa sempre tem um curso aberto.

Basta você chegar lá, se matricular quando quiser, e fazer.

Você não precisa se preocupar. Não precisa ser agora. Você pode deixar para depois.

Quando você fará esse curso?

Provavelmente nunca.

Mas, se essa escola fala o seguinte:

"Nós vamos abrir apenas mais uma turma de violino para no máximo 5 pessoas, e as inscrições acabam em dois dias.

Isso porque o professor está se aposentando, e ele quer dar a melhor aula que já deu na vida dele.

Pode até ser que nós tenhamos outras turmas no futuro, mas com esse professor, que já tocou nas maiores orquestras do mundo e é reconhecido como um dos melhores violinistas da atualidade, será sua última chance.

Se você quer aprender violino, seja para um hobby ou tocar profissionalmente, aproveite essa chance única. Inscreva-se agora."

Completamente diferente, certo?

Mesmo se você não tem interesse nenhum em tocar violino, pode ficar um pouco tentado com esta oferta.

Porque a escassez ativa o sentimento de perda. E ativa outros "gatilhos" em conjunto.

Por exemplo, você pode se gabar por ter participado da última turma.

Você é a pessoa legal, diferenciada e com status. Ninguém mais tem o que você tem, e nunca mais terá – porque o professor se aposentou.

Esse é o poder da escassez. É muito mais do que apenas "perder" uma oferta.

É perder o poder, a oportunidade, a sensação de superioridade.

Isso tem um efeito ainda mais forte quando falamos de relacionamentos e de ganhar dinheiro.

Por exemplo, uma construção de frase muito poderosa que você pode utilizar é a seguinte:

"Esta é sua última chance de aproveitar essa oportunidade.

Uma nova oportunidade talvez venha apenas no ano que vem, mas não tenho certeza.

Mas imagine você daqui a um ano. O que você vai perder agora não é um curso. É a sua chance de mudar de vida.

Daqui a um ano você pode ter muito mais dinheiro do que tem hoje (ou um relacionamento muito melhor do que tem hoje).

Você pode estar feliz, pleno e tranquilo. Ou você pode estar ainda mais afundado em dívidas, medo, dor e dúvidas. Eu não gosto disso e aposto que você também não.

Por isso aproveite agora essa oportunidade que encerra daqui poucas horas porque o preço de você continuar como está agora é muito mais alto do que tomar essa atitude agora.

Esta é a última chamada que vou fazer. Depois disso, esqueça."

Veja que estou trabalhando muitas coisas nesta chamada.

Estou fazendo a pessoa imaginar o futuro.

Estou mostrando os dois caminhos de escolha que ela tem.

Estou cutucando a dor e reforçando o prazer. Estou falando que essa é a última chance dela de mudar a vida.

Para o bem ou para o mal, culpa vende.

Copywriters não são conhecidos por ir para o céu.

Mas antes de continuar com o tema escassez, pense o seguinte.

O que é melhor no ponto de vista do dono de uma empresa que vende produtos?

É melhor ter pessoas motivadas, prontas, que confiam em você, e agem porque querem consumir o que você está oferecendo...

Ou é melhor ter pessoas que só vão comprar porque estão a ponto de perder algo?

Já fiz essa experiência algumas vezes.

Todas as vezes que reforcei a escassez, o medo e a dor no final de uma campanha, tive meus piores clientes.

Pessoas que só agiram porque iriam perder a oferta, e no fim não fizeram nada.

Claro, ganhei dinheiro. Mas as pessoas não se transformaram de verdade.

Por isso nas minhas comunicações, tento apenas cutucar a dor, e reforçar o prazer de uma vida futura boa, com base em uma decisão agora.

Agora, o que muitas pessoas fazem errado na hora de utilizar a escassez?

Utilizam uma escassez falsa.

Por exemplo, há certos "gurus" no marketing digital que fazem exatamente essa comunicação.

"Esta é a última chance", "não sei se vou fazer isso de novo", "você vai perder".

E no dia seguinte, ou poucos meses depois, lá está novamente a mesma oferta, a mesma comunicação.

Ou falam que são apenas 10 vagas, e quando você entrar no grupo "fechado e exclusivo para 10 pessoas"... há milhares de pessoas lá.

Isso é péssimo.

Por isso sou defensor de trabalhar com escassez real.

Por exemplo, uso uma ferramenta chamada DeadlineFunnel. Após a data de fim que estabeleço na oferta, você não consegue mais acessar a página de vendas.

Para você ter uma ideia, nem mesmo eu que sou o criador da página, consigo acessá-la.

Isso é trabalhar com escassez real.

Porém, há outras formas de trabalhar com escassez do que apenas um limite de data.

Uma forma muito boa, desde que seja real, é utilizar vagas limitadas.

Ou limitar o acesso a um bônus, como uma consultoria personalizada, apenas para algumas pessoas.

Outra forma que também utilizo bastante é a escassez de preço.

Geralmente monto uma comunicação mais ou menos assim:

"Como um presente por você chegar agora na minha lista de e-mails, dou para você R$ 100,00 de desconto no produto X.

Porém, esse desconto é válido apenas até a data X, depois o valor do produto voltará ao normal".

Isso funciona muito bem.

Outra forma de usar a Escassez junto com a Urgência, é você dar uma aula ao vivo pela internet, e dizer que não haverá replay (ou que dará um presente exclusivo apenas para quem estiver ao vivo).

A única chance que as pessoas terão de assistir é estando ao vivo – ou pagando depois.

Isso lota as salas :)

Porque você provoca <u>escassez de disponibilidade</u>.

Outro exemplo que aprendi há anos...

Minha agenda pode estar completamente vazia. Posso estar de pijama vendo televisão e até mesmo sem nenhum cliente.

Se alguém pede para falar comigo no telefone ou Skype... eu <u>nunca</u> posso na hora... e nem no dia seguinte.

Se você é "famoso" e não está "ocupado", tem algo errado.

Se sou um dos melhores no ramo, e tenho disponibilidade para atender a toda hora, tem algo errado.

Por isso filas de espera são importantes.

Veja...

Disse antes que algumas pessoas <u>tentam</u> me contratar e não conseguem.

Às vezes até quero – e preciso – do serviço, mas tenho que seguir alguns princípios.

Até mesmo para agendar uma reunião, tenho uma série de perguntas que são feitas **ANTES** de considerar agendá-la.

Além de filtrar antecipadamente, se evoluo para uma reunião, também tenho uma série de requisitos que me fazem negar o trabalho.

E mesmo quando fechamos, preciso de 1 a 2 semanas para começar, e o cliente precisa respeitar o processo de onboard.

E há pessoas que realmente recuso e indico outros profissionais ou as deixo na fila de espera por meses.

E se é um trabalho urgente que a pessoa realmente precisa... aumento o valor.

Nesse caso o valor é por "taxa de urgência", mas cobrar um valor mais alto, também me permite usar como Prova e Prova Social do meu trabalho.

Se um dia você tentar contratar minha consultoria e ver um "valor irresistível", aproveite. Porque dificilmente você verá uma oferta parecida novamente.

Quando lancei meu Programa Elite, na época que fiz a pré-venda limitada dele, cobrei um valor mais baixo.

Pouco tempo depois, uma pessoa me perguntou quando eu ofereceria aquele valor novamente.

Minha resposta foi simples...

"Provavelmente nunca. A não ser que me dê uma louca na Black Friday, mas não garanto."

Lembre-se de valorizar quem toma <u>ação</u>.

Se fiz uma pré-venda exclusiva com desconto, é porque quero beneficiar quem toma <u>ação</u>. E eu NÃO vou disponibilizar a mesma oferta de novo.

Posso até mexer no preço, para cima ou para baixo, como já fiz, mas a <u>mesma oferta</u> (como um conteúdo exclusivo, ou ao vivo, por exemplo), jamais.

Agora, vamos dar ainda mais um passo nessa escassez?

Imagine o seguinte...

Você quer um jantar romântico em um restaurante com mesa exclusiva, que são atendidos apenas 6 casais por noite, e no máximo 2 ao mesmo tempo.

Apenas isso já cria a sensação e o sentimento de superioridade e exclusividade de ter essa experiência.

A fila de espera é...

De meses.

Alguns restaurantes famosos têm anos de espera.

Porque isso cria uma EXPERIÊNCIA.

Imagine o contrário agora...

Se qualquer um pudesse ir nesse mesmo restaurante, fosse uma farra, e não tivesse fila de espera.

Você iria nele... ou procuraria outro mais exclusivo?

Então novamente vamos falar de coisas práticas.

Como você aplica isso no seu negócio?

Conheço duas formas principais...

A primeira é você criar um processo que DIFICULTE a entrada de novos clientes.

Por exemplo...

Em vez de você deixar a porta sempre aberta para todo mundo, você faz uma seleção um a um de quem irá participar.

Quando eu mantinha meu curso Programa Elite disponível, a maioria das pessoas não conseguia contratá-lo diretamente.

Ou você entrava em uma fila de espera, ou precisaria navegar por cerca de 10 páginas até encontrar o link de vendas.

Veja que isso também não precisa ter um valor alto.

Mesmo para produtos menores você pode fazer isso.

Porque quem está dentro se sente importante...

E nesse processo também é importante você descartar quem não é um bom cliente.

Isso cria credibilidade, e pode livrá-lo de várias dores de cabeça.

E mesmo que alguém não possa participar após a seleção, você pode oferecer alternativas que sejam melhores, inclusive de concorrentes.

(sim, já indiquei produtos de concorrentes)

A segunda forma é uma estratégia que também adoro...

E faço isso muitas vezes.

Hoje sou CONTRA a construção de leads através de iscas gratuitas. Elas são importantes, mas é muito melhor você construir uma lista de compradores.

Uma forma para você criar escassez e exclusividade é fornecer conteúdo gratuito apenas uma ou duas vezes por semana...

E se quiser MAIS conteúdo... precisa ser cliente.

Há variações dessa estratégia.

Por exemplo, mantenho um fluxo regular de 2 a 5 e-mails semanais para minha lista, além de conteúdos nas redes sociais.

Mas para quem já é cliente, de tempos em tempos recebe conteúdo e presentes exclusivos.

Você pode usar a mesma estratégia com redes sociais. Você pode entregar muito conteúdo "gratuito" publicamente (porque isso gera conexão e reciprocidade), mas você entrega muito mais quando ela pagar e fazer parte do seu "mundo".

Quanto mais "fundo" o cliente está, ou seja, quanto maior o valor do produto que ele comprou...

Mais conteúdo exclusivo você entrega.

Tenho um grupo fechado que tem acesso direto ao meu celular. Podem me ligar a qualquer hora e eu vou atender (algo que nem mesmo alguns clientes de consultoria tem).

Isso é escassez também.

E na verdade você trabalha mais a exclusividade e a sensação de "ficar de fora". Lembre-se, os gatilhos se entrelaçam.

Você pode usar uma comunicação dessa forma:

"Amanhã darei uma aula exclusiva sobre <assunto importante e de interesse>, e essa aula será ao vivo e exclusiva para clientes do <grupo premium>."

Uma comunicação simples, mas que funciona muito bem.

Há estratégias mais complexas, mas essas já são ótimas para você começar.

E você quer saber se isso funciona?

Bem, uma empresa que fatura US$ 600 milhões por ano usa uma estratégia bem simples, parecida com essas que trouxe.

A diferença?

Só recebe informação quase diária quem for cliente e desembolsar pelo menos US$ 49,00.

E trazem informação de ponta (se não, não faturariam tanto).

A escassez funciona, e muitos dizem que se você não tem uma data final, você não tem uma oferta.

Concordo 90% do tempo.

Mas para produtos de valor alto.

Por exemplo, você pode a qualquer momento comprar meus outros livros, como o Carta de Ouro Para Empreendedores (https:// cartasdeouro.com.br , um dos conteúdos mais fortes que entrego).

Ao fazer isso, você entrará em um dos meus funis (seja como "lead" ou "comprador"), e se você perder as datas de expiração personalizadas que crio para você...

Já era.

Claro, para quem me chama e pede, às vezes libero o acesso.

(isso mesmo, nem sempre libero para todos)

A escassez ativa a sensação de perda.

"Lançamentos" só funcionam por causa disso.

Mas, lembre-se... é melhor ter pessoas que entraram pela motivação, e não pela culpa.

5 – URGÊNCIA

Junto da Escassez, você também pode trabalhar a urgência.

Urgência nada mais é do que uma escassez turbinada.

A forma mais simples, como já falei na Prova Social, é colocar um *timer* na frente do seu cliente.

Quando ele vir que realmente faltam poucas horas ou poucos minutos para aproveitar a oferta, há uma chance muito grande dele agir.

Mas veja que isso não deve ficar restrito apenas a ofertas de vendas.

Quando você desenvolve constância na sua comunicação, e cria um relacionamento de verdade com sua audiência, pode avisá-los que o primeiro a responder o e-mail que você acabou de enviar ganhará um presente (ou quem comentar na sua publicação, ou indicar um determinado número de pessoas, etc).

Já dei o exemplo de empresas de viagem que escancaram que há apenas mais um quarto disponível.

(mesmo sabendo que muitas vezes não é, você sempre fica com aquele medo de perder)

Outra forma que você também pode fazer é a seguinte:

Logo após a confirmação de uma compra, ofereça um upsell de algum item com desconto.

E trabalhe a Escassez e Urgência de duas formas.

Limite a quantidade deste upsell (ou seja, mostre quantos itens ainda estão disponíveis para venda).

Coloque também um *timer*, mostrando que tem apenas alguns minutos para decidir se adiciona ou não o produto no pedido.

Aqui é importante você realmente trabalhar a escassez real, e se passar do limite de unidades que você estabeleceu, você tem duas opções:

1. Mostre que está realmente esgotado e não deixe mais ninguém comprar, ou...
2. Mostre que já se esgotou e você está oferecendo outra coisa.

Porque as pessoas verão que você é sério nas suas ofertas.

A próxima vez que virem que só faltam alguns minutos ou que há poucas unidades disponíveis, elas irão agir.

Entendeu porque eu disse que este é um livro de negócios?

Não é um "gatilho" melhor ou pior para ser usado.

Há estratégias de negócios que funcionam e você pode utilizá-las de diversas formas.

6 – PROVA: A JOIA DA COROA

Com esse gatilho completamos a Coroa de Ferro dos gatilhos mentais.

Por quê?

Porque são os principais e mais importantes.

Exceto *storytelling* (que é um caso à parte) e justificativa (que deve estar sempre presente), os demais são "extras" e "temperos" na sua comunicação.

O que é Prova?

Se a Autoridade, Especificidade, Prova Social e Escassez são a "Coroa de Ferro"...

A Prova é a Joia da Coroa.

É você provar que o que você faz ou fala é verdade.

Muitas vezes quando você monta uma comunicação de vendas, se você tem um bom produto, e seguiu uma estrutura de carta de vendas que funciona (como as que apresento no meu primeiro livro), e não está vendendo...

Existe uma chance muito grande de faltar prova de resultados.

Essa prova pode ser sua ou de outras pessoas.

Por exemplo...

Um golfista famoso fez um vídeo de poucos segundos onde disse seu nome e falou *"Veja isso"*.

Ele estava em um campo de golfe, e fez uma tacada que colocou a bola no buraco.

Em seguida, ele volta para a câmera e diz... *"Se você quer saber como fiz isso, deixe seu nome e e-mail aqui embaixo, e nos vemos do outro lado."*

Prova simples e direta.

Autoridade 100% construída.

E você também pode aplicar o mesmo princípio para redes sociais (com um vídeo chamando para as pessoas te seguirem, ou da rede social irem para a página do seu produto ou serviço, por exemplo).

E acredito que agora você já entendeu porque a Prova faz parte da Coroa dos "gatilhos".

(oficialmente, a Coroa não inclui a Urgência, mas para dar fluidez no assunto do livro, coloquei na sequência após a Escassez)

Ela é a Joia da Coroa.

Mesmo se você não souber como fazer a sua comunicação, só por provar que o que você diz é verdade, já conseguirá vender.

Como você mostra isso?

Novamente há algumas formas...

E uma delas é mostrar os seus resultados, resultados de clientes (prova social), e a forma que mais gosto...

Você pode entregar sua solução na mão do seu cliente para que ele "deguste".

Por exemplo...

Quando vou vender meu curso de e-mail marketing, você passa pelo curso gratuito, com 6 lições.

Com essas 6 lições você tem tudo que precisa para escrever seus e-mails e testar se o que estou dizendo é verdade.

E ainda existe uma possibilidade no meio desse curso gratuito que é de você falar diretamente comigo ou com a minha equipe no telefone para tirar dúvidas.

Lembre-se, os "gatilhos" se entrelaçam.

E mesmo esse sendo o gatilho mais importante de todos...

Veja como ele é simples.

Apenas mostre e prove que o que você diz funciona de verdade.

Crie uma forma de fazer seu público "degustar" sua solução.

Agora, preste atenção nisso...

Dependendo do seu trabalho, do seu mercado, pode ser que você não tenha como mostrar "provas" reais do seu trabalho.

Por exemplo, meus contratos de consultoria têm cláusula de confidencialidade. Não divulgo o nome dos meus clientes.

No máximo posso falar que "atuei com um cliente do nicho da saúde, onde em 1 ano dobramos o faturamento."

Lembre-se, isso precisa ser verdade. Falar a verdade é sempre mais fácil e cria uma conexão mais forte com seu público.

Mas, mesmo assim, as pessoas são céticas. Se você tiver dados, mostre.

Por exemplo, para provar que sei atrair tráfego orgânico, posso mostrar o crescimento de um dos meus portais...

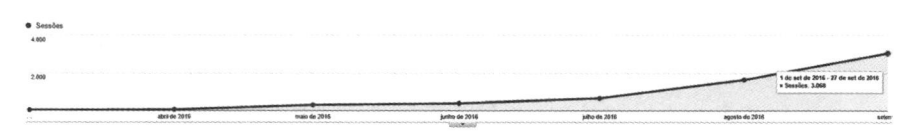

Ou mostrar o faturamento que gerei para mim mesmo, com uma lista pequena... (dados de 2016)

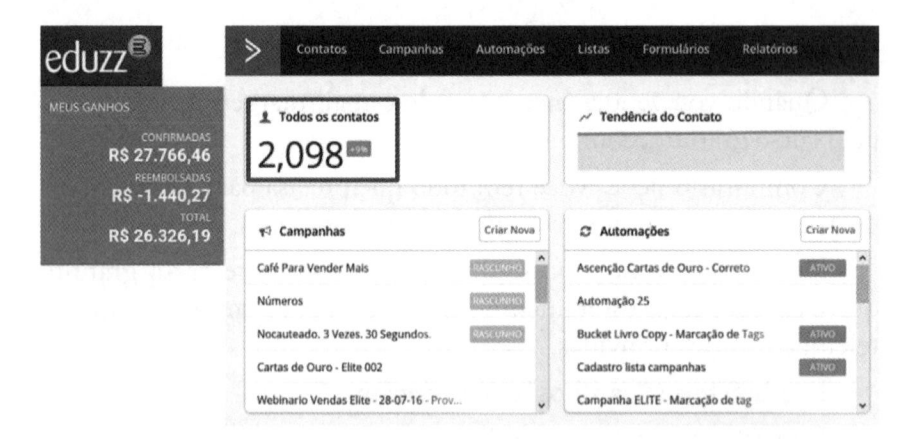

Se você está no nicho de saúde, de beleza, pode mostrar fotos de "antes e depois" suas e de seus clientes e alunos.

Porém, mesmo assim, você pode precisar de mais.

Mesmo *eu* não gostando de focar nisso, prova social é importante.

Você pode criar um "grupo Beta" e oferecer seu novo produto ou serviço por um valor mais acessível para um número menor de pessoas...

O objetivo é eles passarem pelo que você oferece, e passarem pela transformação que você propõe.

Isso é importante tanto para você colher depoimentos como provar que também funciona para outras pessoas.

Outra forma que você tem de ativar a Prova e fazer seu cliente "sentir" a solução é a seguinte:

Um quiropraxista gravou um vídeo e disse:

> "Se você está com dor nas costas, há um tipo específico de dor que posso resolver para você. Sente com a coluna reta, e faça 'esse' e 'esse' movimento. Se você sentiu um pouco de dor na lombar, você tem a dor que consigo resolver. Agende uma avaliação gratuita e venha aqui no meu consultório."

Vamos analisar...

Foi específico e ativou a curiosidade ("um tipo de dor específica consigo resolver")...

Fez com que o cliente "provasse" o tratamento no momento que via o vídeo.

Construiu autoridade e já provou que "sabe" do que está falando.

Já tem confiança.

Tenha a prova de que o que você oferece é verdade, e você tem as vendas.

É simples assim.

No começo, várias vezes deixei de conseguir vendas porque não entendia o valor desse conceito.

Muitas campanhas deixam de ter sucesso EXATAMENTE porque não apresentam Prova de resultados.

E, antes de entrar nos próximos "gatilhos", vamos falar de um segredo guardado a sete chaves.

Lembre-se, este é um livro de negócios.

Não importa qual "gatilho" você usará.

Importa sua estratégia, e como você criará uma comunicação poderosa.

Lembre-se, o mundo hoje está cheio de "especialistas".

Você precisa mostrar que <u>realmente</u> é uma autoridade no assunto se você quer construir riqueza.

Não adianta você fazer um curso para criar um novo curso que ensina seu cliente a criar um curso para ensinar aos clientes dele criarem cursos...

Essa frase é absurda, mas reflete a realidade do mercado.

Pense nisso.

PATHOS:
SINTO, LOGO EXISTO

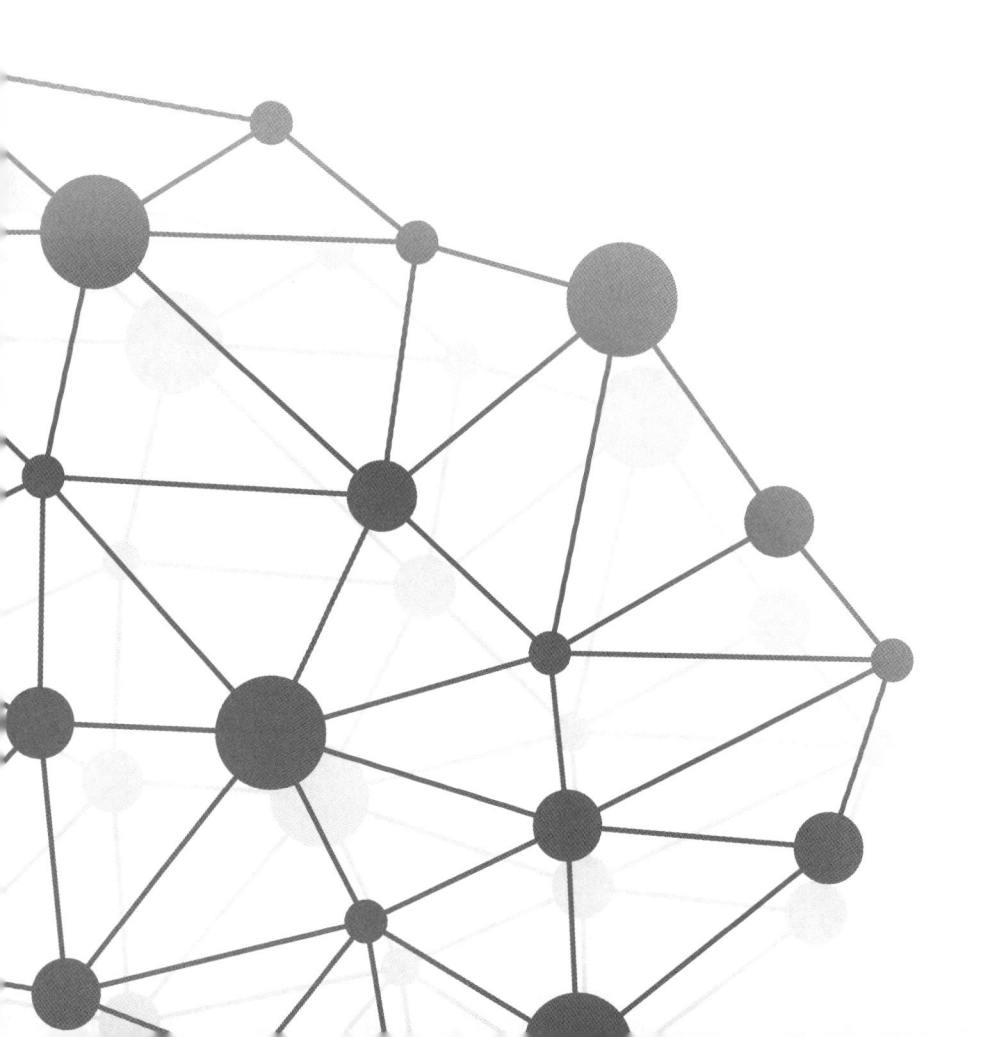

Passamos pelo Ethos, a construção da sua Credibilidade.

Agora você precisa ativar as emoções.

As pessoas compram com a emoção e justificam com a razão.

Os "gatilhos" que vamos ver nessa parte do livro ajudam você a ativar as emoções-chave que disparam as decisões.

Se você explorar os "sete pecados capitais", saberá quais emoções ativar.

Seu cliente não quer um carro. Ele quer prazer, luxo... quer atrair a atenção das mulheres e a inveja dos homens. Quer ter a "sensação" de ser dono do próprio nariz.

O que VOCÊ quer que seu cliente sinta?

Veja, é você quem define isso.

Se você não souber definir a emoção que quer ativar, sua comunicação pode ficar "solta".

Sugiro você pensar em duas emoções principais e trabalhá-las.

Por exemplo:

Luxúria e Status...

Raiva e Medo...

Luxúria e Ganância...

Preguiça e Status...

Como seu cliente deve se sentir para tomar a decisão de compra dele?

Bem-vindo à Pathos, as **Vestes do Rei**.

7 – IMAGINAÇÃO

O cérebro humano não sabe diferenciar uma memória, uma imagem, de um acontecimento real.

Por isso o poder da imaginação é tão forte.

Imagine, nesse momento, que você está em uma praia, está descalço, e você sente a areia em seus pés.

E isso tem um valor muito grande quando você constrói sua comunicação e usa esse gatilho para criar imagens na mente do seu cliente.

Na prática, você pode usar isso de várias formas.

Em um vídeo de vendas, pode começar falando algo como...

"Imagine como seria se livrar de 14 tipos diferentes de câncer, sem precisar gastar um centavo por isso."

Para o escopo desse livro, eu vou dar um exemplo simples do uso da imaginação.

É uma técnica que nós chamamos de imaginar o futuro.

Essa técnica é muito simples e você conduz seu cliente. Você cria uma imagem tão rica em detalhes na mente do seu cliente, que ele sente como se esse cenário que você está descrevendo é real.

Por exemplo:

"Imagine que você está em uma cadeira de praia, sentado em frente ao mar, com o som suave das ondas a poucos metros de você.

Sinta a brisa suave tocando seu rosto...

E você está calmo e tranquilo, apreciando a paisagem e o momento, porque você já fez o que precisava ser feito."

Se você se sentiu bem e conseguiu imaginar essa cena...

Percebeu o poder da imaginação.

Junte isso com comandos de PNL e você pode transformar a vida de várias pessoas.

Lembre-se, os gatilhos se amarram e andam juntos.

Mas, na prática, como você pode desenvolver isso na sua comunicação?

Para você ter uma boa referência, veja algum comercial de carro ou mesmo comerciais da Polishop.

Veja que sempre mostram as pessoas sorrindo, fazendo exercício, contentes com o corpo magro ou com o carro que a pessoa sai conquistando o mundo.

Estes são exemplos de imagens que você pode criar na mente do seu cliente. Na televisão, esse tipo de comercial é muito efetivo porque já mostra a imagem para seu cliente.

Em vídeos e cartas de vendas, você precisa construir isso.

Você pode criar uma comunicação como essa:

"Imagine que agora você está no seu escritório, no último andar de um prédio espelhado e você tem uma vista panorâmica da sua cidade.

Você senta à sua mesa e em um dos seus monitores você vê o relatório em tempo real da sua empresa crescendo, dia após dia.

Com tudo isso que você conseguiu construir, você abre a janela e sente o vento batendo no seu rosto. Você finalmente está tranquilo porque você conseguiu construir o que você sempre sonhou.

Agora você tem o tempo e o dinheiro que precisa. Você não é mais um escravo do sistema, e agora sim você é dono da sua vida."

Esse é o tipo de sensação que você quer que seu cliente imagine, que ele sinta que é real.

Quando você ativa a imaginação, quando você cria essa sensação, ele já sente que "aquilo" é dele.

E quando ele percebe que ele precisa dar aquele último passo de comprar o seu produto, é como se você estivesse ativando a escassez, o sentimento de perda.

Isso reforça muito o movimento de seu cliente para que ele tome uma atitude e compre o que você está oferecendo.

Uso muito essa técnica de imaginar o futuro no começo e no fim das minhas comunicações.

Mas você também pode utilizar **imagens** que remetam ao cenário que seu cliente quer.

Por exemplo, imagine um anúncio seu que fale sobre liberdade financeira.

Você pode colocar imagens ligadas à praia, pessoas em festas ou mesmo em cadeiras descansando.

Essas são imagens que remetem o que as pessoas estão buscando.

Você pode usar imagens em seus anúncios e até em suas páginas de captura, que remetam ao cenário da nova vida que seu cliente está buscando.

Conseguindo ativar o gatilho mental da imaginação, você tem uma chance muito grande de aumentar as suas vendas.

E esse gatilho anda de mãos dadas com o gatilho do *storytelling*, das histórias, que vamos ver no final.

Veja que também podemos usar a imaginação de outra forma.

Por que você acha que chamo Ethos de **Coroa de Ferro**, temos a **Joia da Coroa**, as **Vestes do Rei** (Pathos), e o último gatilho é o **Cetro do Rei**?

Porque essas são imagens RICAS em significado.

Facilitam a associação, a lembrança e o entendimento.

Se você consegue criar essas imagens em sua comunicação, inclusive nas suas cartas de vendas, criará mensagens únicas, que deixarão marcas profundas em seu cliente.

8 – QUEBRA DE PADRÃO

Lembre-se, esse não é um simples livro que fala sobre gatilhos mentais e copywriting. É um livro sobre estratégia de negócios.

A comunicação, a escrita persuasiva, seja em formato de textos, vídeos ou qualquer outro formato, o que importa é a estratégia da sua comunicação.

Vamos começar falando do gatilho mental que inicia a sua comunicação, que é a quebra de padrão.

A quebra de padrão é exatamente isso.

Imagine o seguinte: você está navegando no Facebook, Instagram, TikTok, ou qualquer outra rede social, você está entretido com as mensagens dos seus amigos, imagens, vídeos...

Para você sair dessa inércia de "consumo social", precisa de algo que chame muito sua atenção. Por isso tanto para anúncios como para posts orgânicos, os primeiros segundos são importantes para "chamar a atenção" das pessoas.

Se você observar o próprio Facebook/Instagram, a estrutura de anúncios dele é não invasiva.

Ou seja, a sua comunicação ao mesmo tempo que precisa "quebrar o padrão", ela também precisa parecer natural.

O que eu quero dizer com isso é que existem algumas formas para você fazer essa quebra.

A primeira é a mais simples:

Você cria uma promessa muito forte.

Imagine que você está no nicho de ganhar dinheiro. Você pode falar algo como:

"Descubra como você pode ganhar três vezes mais do que você ganha hoje, dedicando apenas uma hora por dia."

Essa é uma chamada simples e que prende a atenção.

Veja que as palavras que você usa têm muito poder, e elas o ajudam muito na hora de "fisgar" seu cliente.

Tudo é uma questão de usar a "isca" certa para atrair seu cliente.

Existem outras formas de usar a quebra de padrão.

Quando escrevi a primeira versão desse livro, a estrutura de cores do Facebook era azul e cinza.

Se você cria um anúncio, um post, ou uma publicação que use uma imagem com essas cores, ficará "camuflada" nas cores do Facebook (observe a rede que você usa hoje, qual o padrão de cores dela).

As imagens, as cores que você escolhe também fazem muita diferença se você estiver rodando uma campanha de anúncios.

Nesse caso específico do Facebook, utilize cores como amarelo ou mesmo vermelho.

Uma das minhas campanhas de anúncio mais fortes era apenas um quadrado preto escrito "50 Tons de Copywriting."

50 Tons
De Copywriting

Vamos fazer uma rápida análise sobre essa imagem.

Essa imagem no *feed* de chama a atenção justamente porque é como um borrão preto na tela.

O texto "50 Tons de Copywriting", faz alusão aos "50 Tons de Cinza", que por mais polêmica que gerou, é algo que as pessoas ainda sabem ao que se refere.

Com essa imagem fiz uma quebra de padrão visual e com o texto reforcei o gatilho da curiosidade.

Qual é a relação de "50 Tons de Cinza" com "50 Tons de Copywriting"?

Esse vínculo também gera um questionamento inconsciente: o que há de **sensual** nessa comunicação?

No caso específico dessa chamada, a "sensualidade", o desejo ativado é a luxúria.

Mesmo se você nunca ouviu falar em copywriting, você tem uma atração inconsciente pelo glamour, pelo luxo, pelo sensual.

Essa é a atuação inconsciente e real dos "gatilhos mentais".

Mas vamos voltar ao uso prático do gatilho.

De que outras formas você pode utilizá-lo?

Além da própria promessa, do próprio texto, a imagem que você usa também precisa ser muito impactante, e você pode utilizar estímulos visuais e auditivos.

É muito comum quando você cria um vídeo de vendas (ou na sua rede social), também criar um som estranho ou uma colocar uma imagem diferente para chamar a atenção.

Essas são formas que eu não gosto de usar, mas que também são efetivas porque você tira o seu cliente do senso comum.

Justamente por ser algo bizarro, fora do controle dele, ele se detém para prestar atenção.

Para você aplicar na prática, pense o seguinte:

- Qual é a melhor promessa que você pode criar?
- Qual imagem pode ativar a emoção inconsciente que você deseja?
- Se você criar uma comunicação em vídeo, qual estímulo você pode utilizar para tirar o seu cliente do mundo comum?

Para fechar esse gatilho, lembre-se: apenas chamar a atenção não é suficiente.

Você precisa estruturar a sua comunicação como um todo para que você tenha um fluxo de vendas realmente poderoso.

Não adianta você utilizar uma chamada escrito "Sexo", e dizer "Isso não tem nada a ver com sexo, mas agora que você está aqui..."

Isso acaba com sua Credibilidade (Ethos).

Suas frases iniciais devem ser uma "continuação" da chamada principal. A conversa na mente do seu cliente deve continuar.

Outra forma poderosa de usar a quebra de padrão é enviar uma correspondência física para ele.

Sim, é isso mesmo.

O que você imagina que mais chama a atenção? Um e-mail... ou uma caixa que chega na sua casa?

Com certeza o seu e-mail pode esperar nessas situações e você verá com toda a atenção o que chegar pelo correio.

Esse formato de marketing que chamamos aqui de "mala direta" (*direct mail* em inglês), ainda é muito poderoso.

E por mais que os custos sejam altos, e com o advento do "marketing digital", a sua "caixa" MENOS cheia é a do correio.

Aos poucos alguns "gurus" estão percebendo isso, e grandes empresas (como a Agora Inc, que fatura cerca de US$ 600 milhões por ano), aplicam com maestria a integração de todos os canais de comunicação.

Faça sempre testes.

Se você fizer um teste A/B entre imagens, pode ser que imagens de natureza convertem melhor que imagens de pessoas.

E, dependendo do seu nicho, imagens com bebês convertem muito melhor que natureza.

Sempre teste.

E apenas o seu número de vendas dará o resultado correto.

"Custo por clique", "custo por lead", e até mesmo "custo por venda" é balela, são métricas de vaidade.

O que importa é o lucro com cada ação que você faz.

E se você ficou curioso...

Uma das comunicações mais bem sucedidas ao longo da história, é enviar uma nota de 1 dólar (ou 50 reais), para seu cliente e dizer algo como:

> *"Olá <nome>.*
>
> *Como você pode ver, essa é uma nota de 50 reais.*
>
> *Quero que você fique com ela, e coloque em um quadro no seu escritório.*
>
> *Porque quero que toda vez que você olhar para essa nota, lembre que foi o primeiro dinheiro que você ganhou com o início da nossa parceria."*

É fora do comum, fora do padrão...
Mas você entendeu o poder disso.

9 – CURIOSIDADE

De mãos dadas com a quebra de padrão, existe o gatilho mental da Curiosidade.

Esse gatilho na verdade é muito simples.

Você precisa ativar a curiosidade do seu cliente para que ele continue vendo sua mensagem.

Primeiro, para que ele pare e veja sua mensagem (quebra de padrão).

E segundo, para que ele continue vendo a sua comunicação até o fim.

Esse é um gatilho simples de explicar e usar e aqui estão algumas formas práticas para você aplicar.

A primeira delas é você ser específico na sua mensagem.

Por exemplo:

Em vez de você falar:

"Descubra os passos para emagrecer"

Você pode falar:

"Descubra 5 passos simples para emagrecer"

Tornando a sua comunicação específica, de "5 passos simples", você já gera a curiosidade (e também é um "circuito aberto" que precisa ser fechado na mente do seu cliente).

Isso já é muitas vezes suficiente para que as pessoas parem e vejam o que você tem a dizer. Lembre-se que é uma questão de "isca".

Apresente a mensagem certa para o público certo e você os terá na sua mão.

Há alguns recursos extras que você pode usar.

Nós falamos muito que existe no marketing o **Poder do Um**.

Quando você tem uma "única grande coisa" que precisa resolver para melhorar a sua vida...

É muito melhor do que você ter 12, 15, 3 ou 10 "coisas" para resolver.

Ou seja, uma outra forma muito forte para você ativar a curiosidade é falar:

"O Segredo Número Um Para Você <Resolver o Seu Problema (emagrecer, enriquecer, etc.)>"
"A Única Coisa Que Você Precisa Saber Para <Resolver o Seu Problema>"

E você ainda pode ir além.
Em vez de você falar:

"O item mais importante para você resolver o seu problema..."

Você pode usar uma comunicação como essa que fez muito sucesso há um tempo:

"A segunda coisa mais importante para você ter um casamento feliz."

Essa é uma comunicação muito forte, muito poderosa e que fez (e ainda faz) muito sucesso.

Claro, não saia espalhando por aí sempre a "segunda coisa mais importante" de tudo.

Mas você pode usar esses artifícios em alguns momentos para criar uma chamada diferenciada.

Outras formas também de ativar e reforçar a curiosidade é você usar o poder das histórias.

As pessoas adoram histórias.

Inclusive reservei um capítulo para falar apenas sobre isso, e escrevi um livro inteiro sobre o assunto (*Story$elling: A Arte das Narrativas Milionárias*)

Se você cria uma comunicação que envolva a história de uma pessoa, seus clientes vão querer saber o final.

Esse é o motivo porque as novelas e séries fazem tanto sucesso.

Se você está criando um anúncio, pode criar algo como...

"Veja o que aconteceu com o corpo dela quando tomou isso"

Se você coloca uma imagem impactante, a chance de você "pescar" seu cliente é enorme.

Primeiro porque você abriu com uma história e porque você falou que alguma coisa estranha aconteceu.

Isso abre um loop na mente das pessoas e é muito poderoso.

Um gancho que já usei uma vez em uma campanha de testes foi o seguinte:

"Veja o que aconteceu com esse pescador quando ele saiu e percebeu que não iria voltar."

Essa chamada é tão forte que foi um dos meus testes com maiores cliques.

Pena que na época eu não entendia tanto da estrutura da comunicação e da melhor forma de criar os ganchos com as minhas ofertas.

Mas foi um anúncio de altíssimo clique.

Por enquanto estamos falando apenas da curiosidade para você abrir a sua comunicação.

Mas você também pode usar isso de outras formas, tanto em sequências de e-mail, redes sociais, quanto nas suas próprias cartas ou vídeos de vendas.

E isso também anda junto com o gatilho da Antecipação e você já vai entender o porquê.

Quando você ativa a Curiosidade, as pessoas de alguma forma se abriram para escutar o que você tem a dizer.

Isso automaticamente abre loops, ou seja, você abre um circuito, e o cérebro precisa "fechar" esse circuito para ter a comunicação completa.

Isso é neurológico. O cérebro precisa fechar todas as conexões, todos os loops que são abertos.

Agora imagine o seguinte cenário: você está vendo um produto para emagrecer que são três pílulas que você toma todo dia ao longo de uma semana.

Você pode criar a seguinte estrutura de comunicação:

1. O anúncio pode ser:

"Essa mulher não acreditou no que aconteceu quando tomou isso."

Você já chamou a atenção, abriu o primeiro loop e a pessoa foi direcionada para o seu artigo ou mesmo para a sua página de vendas.

2. Você pode começar a sua comunicação falando o seguinte, para abrir os próximos loops:

"Veja como uma mulher que trabalha e tem filhos pequenos conseguiu emagrecer, sem ter que fazer uma dieta maluca, nem ir à academia, tomando apenas três pílulas estranhas."

Ou seja, na primeira chamada da sua comunicação, logo após a pessoa clicar no seu anúncio, você já reforça o loop que foi aberto no seu anúncio.

3. E você pode dar sequência na comunicação da seguinte forma:

"Fulana é uma mulher como quase todas as mulheres de 40 anos em São Paulo.
Ela é casada, tem um filho, ela e o marido trabalham fora. O marido estuda e ela precisa ficar em casa cuidando da casa à noite, enquanto o marido está fora.

Com todo o estresse do trabalho e da rotina ela começou a engordar. Ela não tinha tempo para ir à academia e também nunca teve uma dieta controlada. Mas a vida dela estava prestes a mudar por causa de uma amiga."

Veja como você pode tornar sua comunicação específica para seu público.

Você pode manter o primeiro loop aberto e trabalhar o restante da história sempre abrindo e fechando os loops.

Para um treinamento intensivo de como funcionam os loops assista a novelas e séries.

Veja como sempre há loops abertos para que toda a sequência da história se amarre e você queira sempre ver o próximo capítulo ou esperar o fim do comercial.

Esse é um exemplo simples de usar a curiosidade e a antecipação.

Da mesma forma, você pode usar isso em seus e-mails e redes sociais.

Você pode falar algo como:

"No próximo e-mail/vídeo vou revelar os únicos dois passos que você precisa dar para tornar o seu negócio mais sólido e ter muito mais resultado."

Novamente, estamos trabalhando curiosidade e abrindo um loop, assim como também criamos a antecipação.

Lembre-se, o gatilho mental da curiosidade tem exatamente esse efeito: gerar curiosidade e abrir os loops para que seu cliente continue na sua comunicação.

Mas apenas esse "gatilho" sozinho não irá vender.

Por isso insisto em dizer que os gatilhos mentais sozinhos não servem para nada.

Porque se você não tem uma comunicação estruturada, uma estratégia de negócios forte por trás, e se você não tem um produto que realmente transforme a vida das pessoas...

Você está perdendo seu tempo procurando qual o melhor gatilho para utilizar.

O melhor "gatilho" sempre é a melhor forma que você pode resolver o problema das pessoas.

10 – ANTECIPAÇÃO

Falarei muito rápido sobre esse gatilho, porque ele realmente é simples.

A antecipação funciona da seguinte forma: você gera uma comunicação que vai deixar as pessoas empolgadas e curiosas para saberem o que está por vir.

Uma forma extremamente simples de usar a antecipação é como falei no gatilho da Curiosidade.

Você apenas cria uma mensagem (por email, stories, ou mesmo no feed) e fala que "amanhã", "na próxima semana", ele receberá alguma coisa, ou algo novo chegará no mercado.

Essa é a forma mais simples que você tem para criar a antecipação. O mesmo acontece com uma famosa "fórmula" que existe no mercado, para você lançar produtos e serviços.

Apesar de não concordar com o modelo de negócios que essa "fórmula" promove, ela tem os seus efeitos positivos de gerar picos de caixa para as empresas.

E a essência dessa fórmula, além de usar a escassez é reforçar essa antecipação.

O que nós chamamos de "lançamento clássico" com 4 vídeos, e mesmo as outras técnicas de lançamento, trabalham todas em função da seguinte comunicação:

"Veja esse conteúdo e no dia x (ou no quarto vídeo) você terá uma grande revelação que vai mudar a sua vida."

Essa revelação é a apresentação da oferta.

A antecipação é como uma grande "pilhação" para as pessoas ficarem atentas a uma data ou evento importante que está por vir.

A sua comunicação pode ser tão simples quanto isso.

Indo além, você pode criar essa antecipação para revelar apenas uma "sacada".

Algo como...

"O que vou falar para você pode fazer uma grande diferença no seu negócio.
Não apenas vender um pouco mais hoje ou amanhã.
E sim, criar uma mola propulsora para você dobrar, ou até triplicar seus números.
É um segredo poderoso...
E pensei muito se deveria ou não revelar."

Entende como isso gera antecipação e vontade de saber o que é?

(e caso você tenha ficado curioso, se você tem um sistema estratégico de follow-up por e-mail e outros canais como ensino no meu livro E-mails que Vendem, seu negócio pode tranquilamente dobrar de tamanho – e isso também se aplica a WhatsApp e Instagram, por exemplo).

Quando você trabalha a curiosidade e essa antecipação, no dia da apresentação da sua oferta ou da apresentação desse evento, você tende a ter um efeito positivo muito forte.

Porém, novamente lembre-se: na sua comunicação, você precisa se engajar e resolver problemas.

É dessa forma, resolvendo problemas e transformando a vida do seu cliente, que você terá sucesso.

Não há gatilho mental mais poderoso do que uma solução que resolva um problema de verdade do seu cliente.

11 – MEDO

Lembre-se que os gatilhos se misturam e é impossível trabalhá-los de forma isolada.

Agora vou falar de um gatilho que ativa uma das emoções muito trabalhadas por algumas pessoas, o Medo.

Como assim medo? Medo do quê?

O exemplo mais simples para você entender é o medo de morrer.

Então se você cria uma comunicação que diz:

"Leia isso ou MORRA"...

Lembre-se de tudo que nós já vimos até agora.

Vou quebrar o seu padrão e vou chamar a sua atenção com uma Curiosidade enorme.

Essa é uma comunicação real que um grande copywriter fez e foi uma campanha "arrasa quarteirão".

Mas lembre-se que você precisa entregar uma promessa real após uma chamada forte como essa.

Uma das formas que você pode ativar o Medo é apenas falando sobre a sobrevivência das pessoas.

Porém, de modo geral, esse formato de comunicação só funciona uma vez.

Ou seja, se hoje você cria uma comunicação sobre "leia isso ou morra", não adianta daqui a 2 semanas ou 2 meses criar novamente o mesmo gancho.

Se você usar esse gancho mais de uma vez, de forma inconsciente saberão que é algo batido, e que é mais uma campanha de vendas.

Porém, há formas muito efetivas de você usar o medo em alguns nichos específicos.

Por exemplo, se você está num nicho ligado à saúde das crianças e/ou algo ligado à família como um todo, você pode explorar o medo da mãe de ver o filho doente e não ter um seguro.

Você pode explorar o medo de acontecer um desastre na família e perder a fonte de renda.

Ou um provedor da família, seja o pai ou a mãe, você pode explorar o medo da pessoa ficar sem nada.

Indo mais fundo você pode explorar o medo das pessoas ficarem sozinhas.

Não sozinhas fisicamente.

Mas sozinhas emocionalmente.

É um desespero e uma mágoa enorme você estar em um casamento, mas no fundo estar sozinho. Ou no meio da aflição de um filho, também se sentir sozinho, sem apoio.

Você pode explorar ganchos como esse...

"Você não precisa mais ficar sozinho, você não precisa passar pelo desespero e a dor de ver seu filho doente (ou de ficar sem o seu sustento)."

São pequenas frases na sua comunicação que você pode utilizar, mas que ativam de forma mais ou menos forte esse gatilho.

Particularmente não gosto de usar esse gatilho porque na minha opinião ativa muitos "gatilhos" negativos.

Prefiro ter clientes motivados e animados.

Claro, há situações, momentos específicos que reforço e cutuco a dor para que a pessoa tome o movimento e saia do lugar.

Mas não sou um copywriter que costuma "afundar a dor", fazendo a pessoa se sentir culpada.

Para o bem ou para o mal, culpa vende.

Lembre-se que boa parte dos copywriters não vão para o céu.

Você pode utilizar o medo e a culpa para fazer com que as pessoas prestem mais atenção em você... e uso algumas construções como essas no final das comunicações de vendas para que elas tomem a ação de compra.

Se você usar um gancho de Medo no começo da sua comunicação de vendas, pode falar algo como isso:

"Se você também acredita que os alimentos que seu filho está consumindo podem lhe causar mal, veja esse vídeo atentamente, porque nos próximos 5 minutos, vou mostrar porque a indústria dos alimentos está trabalhando muito para que você, seu filho e sua família fiquem cada vez mais doentes."

Esse é um exemplo simples, mas que ativa todos os gatilhos que nós falamos anteriormente:

A curiosidade, quebra de padrão, abertura de loops e o medo.

Lembre-se também que esse medo precisa ser real.

Pode ser um medo "explícito", como os alimentos, ou algo que está escondido que as pessoas precisam temer, como algo genético.

12 - DOR X PRAZER

Esse é um gatilho que faz parte inerente da nossa vida, da nossa sobrevivência.

A dor e o prazer funcionam de forma muito simples.

Nós fugimos da dor e vamos em busca do prazer.

Porém tenha consciência que você terá diferentes opiniões sobre o assunto entre copywriters.

Mas imagine a seguinte situação: você está no sofá assistindo TV e está com sede.

A não ser que você esteja com muita sede, você pode esperar o filme acabar, ou o comercial chegar, e você pode matar a sua sede depois.

Você pode adiar o prazer, porque você está confortável onde você está. A inércia é um movimento natural para todos nós.

Porém, imagine que você está no sofá e percebe que tem uma agulha perdida lá que furou a sua perna.

Imediatamente você irá levantar e procurar a agulha para tirá-la de lá e vai cuidar do machucado.

Esse é um exemplo do contraste que existe entre a dor e o prazer.

Nós sempre estamos fugindo da dor e buscando o prazer, mas existe uma tendência que o prazer pode ser obtido daqui a pouco, enquanto a dor traz movimentos imediatos.

Em algumas comunicações de vendas, há copywriters que reforçam a dor ao máximo.

Por exemplo, isso é muito forte para as pessoas que estão endividadas.

"Você está em dívidas, desesperado, sem saber o que fazer, a sua conta de luz está prestes a ser cortada. Você mal vai ter o que dar de comida pra sua família. O que você vai fazer?"

Esse é um cenário que infelizmente é típico para pessoas endividadas.

Esse medo, essa dor constante, sufocando e sempre ali batendo na porta.

Eu prefiro a abordagem de ser como a agulha no sofá.

Prefiro apenas cutucar a dor suficiente para a pessoa tomar o movimento, porque quero reforçar o prazer.

Nesse mesmo exemplo da pessoa com dívida, prefiro montar algo um pouco mais suave e reforçando a busca pelo prazer.

"Se você está endividado, atolado de dívidas e não vê uma luz no fim do túnel, preste atenção porque isso pode mudar agora. Imagine como seria se livrar de todas as dívidas e não sentir mais a pressão e o sufoco que você está sentindo agora.

Mesmo se você está no ponto que até a sua luz pode ser cortada, veja que você pode seguir um caminho diferente; você pode transformar sua vida; você pode em menos de 6 meses sair do vermelho e começar a criar uma realidade nova...

Ao invés do dinheiro controlar você, você pode começar a controlar o dinheiro e construir a vida de sonhos que você quer pra você e para sua família."

Veja como o tom é diferente da comunicação.

Na primeira foi uma comunicação focada na dor e a segunda, você cutuca a dor da pessoa e reforça um cenário de sonho.

Novamente há diferenças.

Para saber qual o impacto dessas diferenças, é preciso rodar dois testes em paralelo.

Um com a comunicação focada na dor, e outra focada em cutucar a dor e reforçar o prazer, para avaliar o resultado.

Mas essa abordagem é uma escolha pessoal.

Se suas vendas estão em um nível adequado, analise se vale o esforço, porque criar uma comunicação diferente é um esforço muito grande para qualquer copywriter de respeito.

Na prática, você pode usar esse gatilho de diversas formas.

Tanto no começo da sua comunicação (como nos exemplos acima), quanto no final da sua comunicação e para responder objeções específicas.

Por exemplo, no meu livro Emails que Vendem, ensino que e-mail marketing tem ROI 39x maior que redes sociais, e uma das objeções é que muitas pessoas têm uma lista de e-mails muito pequena.

Eu transformo essa objeção em uma pequena história e falo o seguinte:

"Veja como <fulano> mesmo com uma lista pequena conseguiu gerar vendas."

E mostro como essa pessoa, mesmo com uma lista com menos de 200 pessoas, estava insegura de mandar seus e-mails porque achava que não teria resultado.

Ela estava bastante preocupada com o que aconteceria, porque precisava fechar várias turmas dos cursos para conseguir pagar as contas no fim do mês.

E mesmo com essa lista pequena, enviou uma das sequências de e-mail que aprendeu no livro e conseguiu o resultado.

Veja que para reforçar essa história, também posso colocar o depoimento dessa pessoa.

Essa é uma das formas que uso o contraste da dor com o prazer e a busca de uma solução melhor.

No final das minhas comunicações, uso muito chamadas como:

"Você não precisa mais sofrer com essa dor que você sente agora. Você pode mudar isso agora e ter uma vida muito mais feliz, muito mais próspera."

Lembre-se, as pessoas fogem da dor e buscam o prazer.

Se você apenas apontar o prazer, as pessoas não terão o movimento.

Na minha opinião, por experiência, se você apenas reforçar a dor, terá pessoas agindo muito mais por culpa do que por motivação.

A maioria delas terá uma compra impulsiva e pode gerar muitos problemas para você. Então também pense nisso na hora de montar sua mensagem de vendas.

Até trago um caso para você.

Estava fazendo uma campanha online que o resultado não estava bom, e começamos a entrar em contato por telefone com as pessoas.

Para entender o que estava acontecendo, de 600 pessoas, eu mesmo falei com 20 delas.

Ao falar no telefone encontrei pessoas desempregadas, com sérios problemas financeiros.

Mesmo tendo todos os argumentos que precisava para inverter as objeções, mesmo eu tendo o "poder" de fazer uma pessoa desempregada, endividada, comprar o que nós estávamos oferecendo...

Decidi não usar esse discurso e realmente deixei as pessoas seguirem o caminho delas.

Fiz isso porque eu tive essa percepção muito clara: eu não iria gerar vendas boas para meu cliente.

Apesar do retorno financeiro que potencialmente poderíamos ter, também potencialmente poderíamos prejudicar muitas pessoas.

Então essa é uma escolha sua. Não há certo e errado, apenas defina qual o "nível de agressividade" que você quer desenvolver.

13 – COMPROMISSO E COERÊNCIA

As pessoas tendem a repetir padrões que aprendem ao longo da vida.

Se você quer desenvolver um novo hábito, você precisa repetir uma ação durante pelo menos 21 dias.

Há diversos estudos que divergem quanto ao número de dias e horas que você precisa para criar esse novo hábito, mas a simples realidade é:

Quanto mais você se compromete em fazer uma ação, maior a chance de você mudar o seu padrão de vida.

Isso se aplica a dietas, exercícios, aprender um idioma novo e até mesmo a ganhar dinheiro.

Em termos práticos, como você pode utilizar isso em sua comunicação e em seu negócio?

Uma forma que gosto de utilizar é criar algumas peças de e-mail onde as pessoas me respondem com um "sim".

Por exemplo, usando junto a Antecipação, gosto muito de falar algo como:

"Se você está empolgado com essa novidade que vou trazer semana que vem, responda sim!"

E as pessoas começam a responder e-mails, já criando o comprometimento em dar atenção ao que for mostrado. Você pode usar a mesma ideia em "posts do Instagram", pedindo para as pessoas comentarem, e você enviará um presente para elas (ou um link ou grupo para se inscreverem), por exemplo.

Em apresentações ao vivo também faço muito isso (geralmente pergunto algo como: *"você também quer saber como criar um sistema de vendas como esse?"*)

Peça o "sim" das pessoas, por vários motivos.

Se a pessoa se mostra aberta a responder "sim" no e-mail ou seu post...

Se em uma aula ao vivo fiz uma nova pergunta e ela disse "sim"...

Na hora que ver a oferta, existe uma tendência maior de que ela fale sim também.

Essa é uma forma simples que você pode utilizar esse gatilho.

Outra forma que algumas pessoas utilizam, principalmente em vídeos de vendas, é iniciar o vídeo com um volume mais baixo, para forçar o seu cliente a aumentar o volume se ele quiser escutar.

Porque assim você tira seu cliente da posição de "mero consumidor" e faz ele tomar uma ação ativa.

Devido a essa ação, é coerente escutar o restante porque ela já tomou uma ação.

Porém, novamente, esse é um exemplo simples. Você pode usar isso também de outras formas.

Cialdini trouxe um exemplo no livro dele, falando que as pessoas em um condomínio seriam entrevistadas como um caso de sucesso para a economia de água.

Como condição para serem entrevistadas, elas precisavam economizar água de verdade. Mesmo quando, em um segundo momento, Cialdini disse que a entrevista foi cancelada, as pessoas continuaram economizando.

Porque mesmo tirando o "estímulo" inicial da entrevista, as pessoas continuaram coerentes com seus compromissos assumidos.

Ainda que o estímulo inicial seja retirado, se o seu cliente se mostrar aberto, ele tende a repetir o que ele acabou de fazer.

Por isso no mundo do marketing nós falamos que um comprador tende a comprar novamente. E se uma pessoa é uma "multicompradora", ela tende a comprar TUDO de você.

Quando nós falamos de e-mail marketing, há um movimento natural das listas de e-mail tornarem-se cada vez menos responsivas ao longo do tempo (o mesmo se aplica a "seguidores" nas redes sociais).

Um movimento muito importante que você pode fazer também é pedir para seu cliente se recadastrar em sua lista para receber uma nova comunicação, seja um novo e-book, um novo vídeo ou mesmo uma nova palestra, ou reengajar com você comentando ou enviando uma mensagem.

Exatamente porque esse movimento recria a conexão do seu lead para receber novamente sua comunicação.

Em redes sociais, muitos podem deixar de ver suas publicações, e você pode realcançá-las através de campanhas de remarketing, ou trazê-las para grupos.

Sou defensor assíduo do email email marketing, mas é cada vez mais importante ter uma comunicação multicanal.

Porém, veja que falei apenas do seu cliente, mas esse "gatilho" do compromisso e coerência tem um peso muito maior do seu lado, como dono do seu negócio.

Você também precisa ter uma mensagem coerente.

Essa é uma outra forma de conexão, mais profunda, mais emocional, onde você, em toda a sua comunicação, se compromete a entregar valor para seu cliente.

Por exemplo, na minha comunicação, falo que o meu compromisso é ajudar empresários a construir negócios sólidos, a Construir um Brasil Mais Rico e Feliz.

E toda a minha mensagem, toda a minha comunicação é coerente com esse compromisso público.

Se você mantém a coerência ao longo do tempo, além de você criar fãs que sempre vão segui-lo e querem receber suas informações, quando você mostra ofertas para eles, há uma tendência maior de comprarem.

Da mesma forma, você ser consistente em publicar conteúdos (por exemplo no Youtube), nos seus estudos, e até mesmo em aparecer de forma geral nas redes sociais, irá transmitir uma aura de consistência, segurança e autoridade para seu público.

Imagine o seguinte...

Se eu, de uma forma aberta e gratuita (no meu site e redes sociais), ou através de um livro como esse, trago um volume de informação tão valioso, então imagine o que posso entregar para você em meus produtos e ofertas de valor mais alto.

Mantenha a coerência na sua comunicação e no VALOR que você entrega para seu cliente e suas vendas tendem a aumentar muito.

Uma outra forma que você pode usar esse gatilho é o "Método do Triplo Sim", um termo criado pelo Jon Benson.

Você precisa fazer com que seu cliente diga sim mentalmente três vezes ao longo da sua comunicação.

Na prática, uma das formas que você pode fazer isso é falar algo como:

"Não seria fantástico você tomar uma pílula mágica à noite e no dia seguinte você estar com o corpo que você sempre quis, sem precisar ir para a academia e continuando a comer TUDO que você gosta?"

Esse é um exemplo extremo, mas que já lhe transmite a ideia.

Quando você transmite para seu cliente o cenário do "mundo perfeito", ele tende a balançar a cabeça de forma positiva.

Por isso você também pode utilizar a estrutura do "Se Então" que vamos falar mais pra frente nesse livro.

"Se você quer uma solução simples, fácil e rápida para perder peso, e está cansado de ir para academia e fazer longas dietas que não funcionam, continue vendo esta mensagem."

Quando você usa essa estrutura dessa forma, o seu cliente também balança positivamente a cabeça.

Novamente, seguindo a ideia do Ethos, Pathos e Logos...

No final da sua comunicação, você já desenvolveu a sua Credibilidade (Ethos) e criou e ativou as emoções que seu cliente precisa ter para que ele compre (Pathos).

Agora você finaliza com a Lógica (Logos), por exemplo:

"Se você chegou até aqui, você sabe que está pronto para emagrecer."

O seu cliente novamente balança positivamente a cabeça em afirmação.

Lembre-se que os gatilhos se misturam.

Esse movimento do Triplo Sim é o gatilho mental da Repetição, do Compromisso e da Coerência, e "fechado" com o "Se… Então".

Tudo isso em conjunto faz com que as vendas aconteçam.

14 – GRANDE PORQUE

Esse na verdade não é oficialmente um "gatilho mental".

Mas como nós falamos de conexão emocional, resolvi abrir um tópico à parte.

Seguindo a linha de manter a coerência na comunicação e no valor que você entrega para seu cliente, existem níveis de conexão das pessoas.

Você com certeza conhece Martin Luther King, certo?

Ele fez um discurso famoso conhecido como "Eu Tenho um Sonho". Um discurso que reuniu milhares de brancos e negros.

Martin Luther King, com esse discurso, conseguiu criar uma conexão emocional muito profunda. As pessoas não estavam lá porque era o Martin Luther King falando.

Elas estavam lá porque acreditavam no Sonho, no "Grande Porque" dele.

Quando você junta isso com seu compromisso público de ajudar as pessoas, mantém a coerência no seu discurso com suas ações, e alinha o SEU "Grande Porque" com o "Grande Porque" da sua empresa existir…

As pessoas se conectam.

A sua comunicação muda, você traz pessoas que estão engajadas e conectadas nesse mesmo "porque".

É uma conexão emocional, que você não consegue medir o ROI de forma objetiva.

Simon Sinek é um grande nome da atualidade que tem uma palestra incrível chamada "Porque os Grandes Líderes Inspiram Ação".

Acesse a área de bônus do livro (sougustavoferreira.com.br/bonus-gatilhos-mentais) para vê-la, ele traz uma explicação de 18 minutos sobre o tema, e completa perfeitamente esse gatilho.

E você também pode me ver aplicando meu Grande Porque em meu Instagram @sougustavoferreira

15 – EMPATIA

Sempre recebo perguntas sobre *"qual o melhor gatilho para vender para o meu público", "qual gatilho para vender esse produto"*.

Você já entendeu que não é uma questão de qual o "melhor gatilho".

Falo desde o começo que o que importa é a sua estratégia de negócios e a estrutura da sua comunicação como um todo.

Se há um gatilho que realmente aumenta a sua probabilidade, a sua chance de ter vendas, é o gatilho mental da Empatia.

Sabe aquelas pessoas que você encontra na rua, no trabalho, ou mesmo na sua escola ou faculdade e "o santo não bate"?

Ou você vê uma pessoa na televisão e você gosta mais dela, ou você desgosta de determinado ator ou apresentador…

Porque essa conexão, esse "santo", está ligado à sua empatia com ela.

Na prática o que isso significa?

Quando você desenvolve empatia com o seu cliente, quando ele passa a gostar de você, de como você fala, como você se comporta, e mesmo como você se posiciona, as suas chances de vender aumentam.

Por isso você precisa ser coerente e <u>consistente</u> na sua comunicação. Com isso as pessoas realmente entendem o valor da sua mensagem e da sua missão.

Quanto mais você se mostrar autêntico na sua abordagem, no seu trabalho, na sua comunicação, mais empatia você tende a desenvolver.

Mas como você desenvolve empatia?

Primeiro de uma forma inconsciente, dentro de você. Você precisa, antes de tudo, ter um desejo sincero de transformar a vida do seu cliente.

E você não precisa falar isso abertamente, mas se você tem essa convicção dentro de você, naturalmente agirá em benefício dele, e ele <u>vai</u> sentir isso.

É um movimento inconsciente, mas que faz muita diferença.

Você pode "aplicar" empatia em seu próprio atendimento pessoal.

Quando nós vamos em uma loja e vemos um vendedor carrancudo, de cara fechada, existe uma tendência de nós não gostarmos dele.

Uma atitude corporal positiva, falar com uma voz suave, com um sorriso no rosto, e mesmo atender um telefone ou responder um e-mail, uma mensagem ou comentário com um sorriso, também gera esse movimento inconsciente de conexão.

Perceba como mesmo se o seu cliente não está em contato direto com você, ele sente o seu desejo sincero de ajudá-lo.

Por isso os gatilhos mentais são inconscientes, são atalhos. As pessoas percebem e agem em níveis inconscientes de ação e reação.

Outra forma que você tem de desenvolver empatia ao longo da sua comunicação, é você cumprimentar o seu cliente.

Por exemplo, nos meus e-mails sempre faço o cumprimento "Caro Amigo", ou "Cara Amiga", e finalizo com "À Sua Riqueza e Felicidade".

Novamente, são pequenos detalhes sutis, mas que aumentam a conexão emocional. Porque tudo isso é a tradução do meu Grande Porque.

É a minha coerência na minha comunicação.

Você também precisa colocar esses pequenos detalhes na comunicação que você cria para a sua empresa.

Se você usa vídeos, você pode gravar com um sorriso. Lembre-se que você está falando com uma pessoa, há um ser humano vendo o seu vídeo (assim como "falo" com você aqui).

E se você mostra o seu rosto em fotos, procure mostrar o seu rosto sorrindo porque o sorriso é uma linguagem universal.

Quanto mais elas sorriem, mais relaxadas ficam.

Se você consegue transmitir essa sensação para o seu cliente, novamente as vendas acontecem.

Alguns copywriters dizem que você não pode fazer o seu cliente sorrir enquanto está vendendo.

Eu concordo em partes.

Você não precisa fazer o seu cliente dar risada, gargalhada (isso que diminui vendas).

Você precisa transmitir uma sensação de realização, de conforto, para dar suporte à decisão que seu cliente acabou de tomar ao comprar o seu produto ou serviço.

Se você transmite essa sensação de conforto, o seu cliente tende a comprar mais de você.

E novamente, não é para fazer seu cliente rir, é para fazê-lo se sentir confortável e confiante que você é a pessoa que vai entregar o que ele precisa e vai transformar a vida dele.

As pessoas hoje estão carentes, e precisam de confiança. Para piorar ainda mais, há um número enorme de "pseudogurus" arrebatando multidões... e as decepcionando em seguida.

Seja a pessoa certa.

16 – IDENTIFICAÇÃO

Desde que nós nascemos, nós nos colocamos rótulos.

Eu sou um copywriter, você é um artista, o outro é o programador, eu sou o marido, você também pode ser um marido ou esposa.

Enfim, a vida inteira nós temos rótulos que nos identificam.

E esses rótulos são muito evidentes quando começamos a fazer comparações regionais, e mesmo diferenciando cor da pele.

Por exemplo, nos EUA é muito forte a identificação regional das pessoas.

Então, se você é da cidade de Ohio você fica extremamente feliz quando encontra outras pessoas da mesma cidade.

Aqui no Brasil isso também acontece, mas lá é muito mais evidente essa conexão e até mesmo "rixas" das pessoas pelo território que elas vivem.

Mas expandindo esse conceito, imagine que a Terra é invadida por seres alienígenas.

A nossa identificação vai para outro nível simplesmente porque começaremos a criar uma nova categoria de rótulos.

Seriam literalmente humanos contra alienígenas.

Por que estou falando isso?

Porque uma das formas que você tem para se conectar com seu cliente é através desses rótulos.

Imagine que você quer fazer uma campanha direcionada para as pessoas que moram na cidade de São Paulo. Além disso, você também quer pegar dentistas que moram em São Paulo.

Você pode criar uma comunicação da seguinte forma...

"Veja o que centenas de dentistas que moram em São Paulo estão fazendo para ganhar mais dinheiro."

Ou...

"Veja as oportunidades de investimento que centenas de dentistas em São Paulo já descobriram."

Você monta uma comunicação direcionada a alguns desses rótulos.

Existem vários níveis de identificação.

Os mais superficiais são justamente os de localização, como a cidade, o Estado ou país que você mora.

Há outros níveis mais profundos, que são os níveis de profissões. Você pode falar com engenheiros, arquitetos, empreendedores, estudantes, concurseiros.

Porém, veja que este ainda é um nível de identificação superficial.

Não há uma conexão realmente profunda entre a sua mensagem, entre o seu produto e o seu cliente, além dessa simples identificação.

Esses dois níveis (regional e profissional) você usa mais no começo da sua comunicação.

Porém, para você conseguir um volume maior de vendas, você precisa se identificar com seu cliente em níveis mais profundos.

Esses são os níveis de valores e crenças.

Por exemplo, para um cliente contratar um serviço de copywriting ou consultoria em vendas, ele precisa acreditar em várias coisas.

Em primeiro lugar, você precisa acreditar que crises sempre irão existir e sempre são um mar de oportunidades para se ganhar dinheiro.

Em segundo lugar, é muito melhor contratar alguém especialista em criar comunicações que geram dinheiro e que tenha experiência comprovada, do que ficar tentando adivinhar o que funciona.

Uma outra crença é que você, como dono do seu negócio, precisa focar no seu *core business*, e precisa montar uma estrutura, um time e um sistema que funcione para você.

Esses são alguns modelos e crenças que você precisa ter para contratar um serviço de consultoria para ajudar sua empresa a crescer.

Veja que você já começa a ir a níveis de identificação mais profundos. Você sai da identificação superficial e entra na identificação interna.

Indo um pouco mais fundo, o último nível de identificação é diretamente com você e no que você acredita, e isso novamente está ligado ao seu Grande Porque.

Crie uma conexão com o seu cliente dizendo que você acredita que é possível Construir um País Mais Rico, Mais Feliz, que você acredita que as pessoas podem ter uma vida mais plena, mais saudável, viver uma vida acima da média...

Quando você consegue transmitir isso na sua comunicação e as pessoas se conectam com você, o seu volume de vendas aumenta muito.

Veja que ainda há uma outra forma que você pode usar o gatilho da identificação.

Em vez de apenas falar "você empresário", "você mãe", se você está se apresentando como uma pessoa que está ou esteve <u>na mesma situação que o seu cliente</u>, você também pode usar a palavra "nós".

"Nós empresários", "nós marqueteiros", "nós mães".

Isso reforça a conexão e o senso de identificação que nós temos um com o outro.

Porém, lembre-se:

Esse "nós" gosto de usar mais no começo da comunicação para gerar a conexão. Depois costumo voltar a usar o "você", que é para o foco estar no cliente. Somos um time. E vou resolver o SEU problema.

17 – PERSONALIZAÇÃO

Uma forma simples e também altamente efetiva para você gerar uma identificação maior com seus clientes é personalizar as comunicações para eles.

Há várias formas para você criar isso.

A primeira delas é você simplesmente começar a usar a palavra "você".

Compare essas duas chamadas:

"Como vender mais com E-mail Marketing"

"Como você pode vender mais com E-mail Marketing"

O segundo assunto tem uma tendência maior de ter mais aberturas justamente porque a <u>aparência</u> de personalização é maior.

Preste atenção nisso.

Um exemplo prático é o horóscopo de jornal. As pessoas se identificam através de um rótulo (os signos), e frases e conselhos genéricos que são válidos para quase todas as pessoas, têm um efeito "pessoal" enorme.

Faça o máximo possível para que as pessoas se sintam recebendo uma comunicação exclusiva e direcionada.

Se você tem o nome do seu cliente faça o máximo possível para utilizar essa informação (uso muito isso em e-mails e páginas de vendas) – você também pode mandar mensagens individuais personalizadas (e não automatizadas!).

Veja, as pessoas hoje sabem que existem as mensagens automáticas.

Porém, quando você usa o nome delas, fala em um tom autêntico de "conversa", usa a palavra "você", consegue realmente gerar uma conexão maior.

As pessoas se aproximam de você por causa dessa aparência de comunicação personalizada.

Em outros níveis de complexidade de negócios, você pode personalizar a sua comunicação com base no comportamento que seu cliente toma.

Há várias ferramentas que você pode usar que rastreiam as páginas que seu cliente visitou no seu site.

O seu sistema identifica isso e envia uma mensagem automática para ele, perguntando se ele tem alguma dúvida, por exemplo.

Essa personalização de comunicação baseada em comportamentos e ações do seu cliente também gera um engajamento muito grande.

Claro, você precisa tomar cuidado para essa comunicação não ser invasiva, mas é uma forma que você tem de personalizar a comunicação e a experiência de seu cliente.

Por exemplo, uma vez visitei um site e na primeira visita era um site simples. Fiz um cadastro rápido e pesquisei alguns interesses pessoais.

Poucos dias depois, retornei ao site e ele mudou a minha experiência baseada no meu comportamento anterior.

Ele foi capaz de identificar quais os produtos eu tinha visualizado e mostrou sugestões que possivelmente me interessariam. E até perguntou se eu estava bem!

Com essa personalização da comunicação, você tem uma conexão muito maior com seu cliente.

A Amazon também é outro exemplo forte de mostrar interesses personalizados, devido ao algoritmo que criaram.

Agora, há uma outra forma para você personalizar a comunicação para seu cliente que em média triplica as suas vendas e as suas conversões ao longo do tempo.

Isso já é comum no exterior e é um método desenvolvido e aperfeiçoado pelo Ryan Levesque, chamado de Ask Method, ou o Método das Perguntas.

Na verdade esse método é muito simples.

Você cria um "quiz" com algumas perguntas-chave que você usa depois para personalizar a comunicação de vendas com seus clientes.

Por muito tempo tive um "quiz" que dizia o seguinte: "Qual seu nível no E-mail Marketing?"

Fazia algumas perguntas, e com base nas suas respostas, identificava qual o seu "nível" e o que você precisa fazer para ter mais resultados.

Por exemplo, pergunto se você tem lista, e se você disser que sim, dou dicas tanto para melhorar a qualidade da sua lista quanto para você ganhar mais dinheiro com ela.

E utilizo isso em todas as pontas da minha comunicação, ou seja, personalizo a comunicação baseada nas respostas que você me dá.

Esse é um método poderosíssimo.

Nos meus testes, quando você começa a utilizar essas perguntas personalizadas, e você monta uma comunicação correta, você aumenta em média 3 vezes o seu volume de vendas.

Você precisa tomar o cuidado para não criar perguntas e respostas ridículas.

Por exemplo, a forma errada de você fazer isso é você perguntar:

"Você tem um animal em casa?"

Se a resposta for positiva, você pergunta: "é um felino?"

Se sim, você pergunta: "O tamanho do felino é pequeno, médio ou grande?"

Após a pessoa responder essas perguntas você diz:

"Parabéns, eu descobri que você tem um gato pequeno! Quer fazer banho e tosa?"

Esse é um tipo de personalização sem sentido.

Você precisa pensar muito bem em quais as melhores perguntas que realmente farão diferença na vida do seu cliente.

Você não pode simplesmente dar uma resposta óbvia.

Seu cliente realmente precisa sentir a necessidade de descobrir a resposta.

Ele precisa sentir que vai encontrar uma novidade, que vai encontrar algo que não sabia.

Por isso descobrir o "seu nível no E-mail Marketing" é muito forte.

Descobrir qual o seu tipo metabólico, qual o maior inimigo da sua saúde financeira, qual o tipo de gastador você é...

E com base em cada uma das respostas que seu cliente dá, você personaliza a comunicação de uma forma extremamente assertiva com dicas reais, que vão agregar valor para ele.

Fazendo isso você vai realmente aumentar sua conversão de vendas.

18 – REPETIÇÃO

Você já ouviu falar que uma mentira contada 100 vezes torna-se uma verdade?

Bem, você não precisa contar uma mentira para seu cliente, mas preste atenção no efeito disso.

Quando você repete várias vezes uma mensagem, aos poucos seu cliente começa a acreditar nisso também.

Em um nível macro, isso torna-se senso comum. As pessoas tendem a acreditar que é verdade apenas porque um grande número de pessoas está falando.

Sem fazer julgamentos de certo e errado, mas na política isso acontece muito.

Enquanto um partido fala que é "golpe", outro fala que está lutando por um Brasil justo.

Se você sai do nível do senso comum, e olha o detalhe, nenhum dos dois está correto.

Simplesmente estão repetindo mensagens para que outras pessoas repitam e assumam como verdade.

Não só na política, mas a mídia como um todo trabalha dessa forma.

E na prática como você usa o gatilho mental da repetição?

Uma das formas mais simples é você repetir algumas vezes a sua grande promessa ao longo da sua comunicação de vendas.

Por exemplo, no meu curso de e-mail marketing minha promessa é que tenho um método para você faturar de R$ 3,00 a R$ 16,00 por lead que está na sua lista de e-mails.

Na minha comunicação, repito essa mesma promessa pelo menos 4 vezes.

Coloco isso na minha headline (minha chamada principal) dizendo:

"Método Provado e Testado Para Você Faturar de R$ 3,00 a R$ 16,00 por Lead."

Logo na abertura repito essa mesma comunicação:

"Se você quer aprender como faturar de R$ 3,00 a R$ 16,00 por lead, veja atentamente essa mensagem."

E mais para frente repito:

"Veja como eu mesmo faturo mais de R$ 16,00 por lead com minha lista de e-mails."

"Veja como fulano também consegue faturar de R$ 3,00 a R$ 16,00 por lead."

Trouxe esse exemplo, mas você pode repetir a sua grande promessa da mesma forma ao longo de toda a sua comunicação.

Seja emagrecer, enriquecer, aprender mais rápido ou qualquer outra promessa que ajude o seu cliente.

Quando você começa a criar essa repetição, começa a entrar na cabeça do seu cliente, ele passa a repetir e a acreditar nisso também.

Essa estrutura é muito forte para você utilizar não só na sua comunicação de vendas, mas também ao longo de todo o seu site.

Uma empresa especializada em redução de custos colocou em várias páginas do site deles a mensagem principal.

Eles repetem cerca de 18 vezes em 3 páginas o termo *"Você precisa reduzir custos"*.

O cérebro processa mais de 90% que recebemos de forma inconsciente.

Mesmo essa repetição estando no meio de outra comunicação, o cérebro vai entender e interpretar isso.

Uma forma que você tem de aumentar essa percepção, principalmente se for uma comunicação escrita, é colocar a promessa que você está repetindo em negrito.

As pessoas têm uma tendência a escanear as mensagens e ler apenas o que interessa e se destaca.

Quando você coloca o elemento de repetição em negrito ou como um headline no meio de uma comunicação escrita, você consegue fazer com que o cérebro preste mais atenção nisso.

Aos poucos essas mesmas crenças começam a entrar dentro da mente do seu cliente.

Essa repetição é tão forte que até hoje surte o efeito em razão de algumas propagandas que nem são mais veiculadas.

As pessoas entendem, lembram e associam com algo de qualidade.

Por exemplo, quando alguém está comparando algo, perguntando da qualidade de determinado produto, ainda é comum escutar algumas pessoas dizendo: *"não é uma Brastemp"*.

Também para a propaganda da MasterCard: "Não tem preço".

Ainda é comum, depois de anos que essa propaganda foi ao ar, fazermos brincadeiras e a referência ao "não tem preço", dependendo da situação que estamos.

19 – NOVIDADE

Esse gatilho mental, na minha opinião, é envolto em controvérsias.

Porque o que funcionou muito bem no passado, até os anos 1990, ou mesmo até o ano 2000, enquanto internet não era forte, enquanto a mídia não era tão massificada como é hoje em tantos meios, não funciona mais tão bem.

Antes, quando você apresentava um novo produto, uma nova solução para seu cliente, realmente parecia algo novo.

Justamente pelo acesso à informação, pela quantidade de estímulos de propagandas serem menores.

Se você apresenta hoje um novo método para emagrecimento, não vai chamar atenção nenhuma, porque existem centenas, milhares de métodos de emagrecimentos.

E são todos "novos", "milagrosos" e entregam a promessa muitas vezes ilusória de que o "emagrecimento" vai acontecer.

E isso se expande para várias áreas e em todos os nichos.

Ganhar dinheiro, aprendizado, ficar forte...

Sempre que você apresenta um "novo método", um "novo produto", a não ser que seja algo realmente inovador, o seu cliente não tem mais a mesma percepção de que é algo inovador e diferente no mercado.

Entenda o seguinte:

É importante você trabalhar a novidade porque quanto mais soluções comuns e medíocres existem no mercado, mais as pessoas estão sedentas por novidades.

Para você se manter no topo da onda, você precisa trazer novidades para o mercado.

Para isso existe o que nós chamamos de **Mecanismo Único**.

O que é o mecanismo único?

Vamos pegar o exemplo do emagrecimento.

Enquanto existiam poucos concorrentes de emagrecimento, você poderia fazer uma promessa simples, que vamos chamar de Nível 1:

"Emagreça 5 kilos"

Isso já era suficiente para chamar a atenção dos seus clientes.

Conforme o mercado foi tendo novos concorrentes, a sua promessa precisou ser expandida para o Nível 2...

"Emagreça 5 kilos em uma semana, sem dietas e sem exercícios."

Todd Brown chama isso de níveis de maturidade do mercado.

Uma promessa simples em um mercado com praticamente nenhum concorrente, uma promessa de "Nível 1" é suficiente.

Conforme entram novos concorrentes, o mercado já está no que chamamos de "Nível 2", que é uma expansão da promessa.

E qual o erro da maioria das pessoas, da maioria das empresas?

Desenvolvem a comunicação apenas para o nível de mercado 1 e 2. O problema é que você nunca se diferencia de verdade, não consegue chamar atenção.

Então a forma ideal para você trabalhar a novidade é ir para o "Nível 3", que é a criação de um **mecanismo único**.

Em vez de ser um novo método de emagrecimento, é um programa exclusivo de treinamento *shape now*.

A Polishop é ótima para você entender como criar mecanismos únicos.

Crie soluções únicas, exclusivas e proprietárias de nomes que realmente não são apenas um nome.

Crie um método único e provado que se diferencia.

Por exemplo, o meu antigo curso de E-mail Marketing, não é simplesmente um "curso de e-mail marketing".

É o Programa Elite, que é um método comprovado para você faturar de R$ 3,00 a R$ 16,00 por lead.

Eu ainda posso ir além.

Internamente chamo meu sistema de Método 3V, pois é o método da Tripla Venda, por causa da estrutura em que desenvolvo a comunicação por e-mail.

Para você trabalhar esse gatilho da forma correta, precisa encontrar o seu Mecanismo Único.

Existem mais dois níveis de mercado que você pode trabalhar para trazer essa novidade.

O "Nível 4" é a expansão do mecanismo único e o "Nível 5" é o mais difícil de você atuar, mas é uma comunicação como a seguinte:

"Você já comprou dezenas de métodos únicos e exclusivos para emagrecer e nenhum deles funciona? Aqui está o motivo..."

O quinto nível do mercado é quando você faz uma comunicação além do seu próprio produto e foca totalmente no seu cliente.

Porém, essa é uma comunicação muito difícil de ser trabalhada.

Procure focar a sua comunicação em 80% no nível 3 de mercado e você tem uma mina de ouro na sua mão.

20 – RECIPROCIDADE

Este é um gatilho muito utilizado e muito falado no mercado pelos "gurus" do marketing digital.

O que é mais comum você escutar é: você precisa dar conteúdo de qualidade para que seu cliente sinta-se grato por isso e queira retribuir com uma troca financeira.

Isso é verdade até certo ponto, mas vamos olhar de outro ângulo.

Foi feito um experimento onde voluntários fizeram um teste sobre qual o tipo de pimenta dariam para uma pessoa que elas desconheciam.

O teste foi extremamente simples: os voluntários chegavam e viam os três graus da pimenta e viam outra pessoa do outro lado do vidro.

A maioria das pessoas simplesmente escolheu o pote de pimenta mais fraco, por uma questão compassiva em relação à pessoa (esse era o objetivo do experimento).

No segundo grupo de estudos, aconteceu a mesma coisa. Com uma única diferença.

Antes dos voluntários entrarem para escolher o pote de pimenta, passava uma pessoa falando no telefone que esbarrava neles, e se criava uma pequena briga proposital.

Alguns segundos depois, os voluntários viram que quem estava do outro lado para receber a pimenta era a pessoa com quem eles tinham acabado de brigar.

Quase todos acabaram escolhendo o pote de pimenta mais forte para que a pessoa provasse.

Agora, o terceiro experimento foi o seguinte: novamente a mesma situação, os voluntários trombavam com a pessoa que apareceria do outro lado do vidro.

Mas ao entrar na sala, antes dos voluntários verem quem seria a "vítima" da pimenta, (a pessoa que eles tinham acabado de brigar), o cientista que fazia o experimento foi gentil, ofereceu água, perguntou como foi o dia e se estavam bem.

O resultado foi que as pessoas voltavam a escolher a pimenta de grau mais fraco, mesmo vendo quem era a pessoa do outro lado.

Porque elas tinham acabado de receber um bom tratamento. Elas passaram para frente esse "bom comportamento".

Trago esse exemplo para sair do mundo apenas de negócios. Esse movimento de dar e receber é muito amplo e novamente faz parte da nossa natureza.

A comunidade Hare Krishna uma época teve recordes de arrecadação utilizando o mesmo princípio.

Em vez de simplesmente pedir a doação, elas davam flores para as pessoas para chamar a atenção.

Por terem recebido uma flor, muitas pessoas se sentiam constrangidas em não retribuir com uma doação ao final da abordagem.

Com o tempo as pessoas passaram a evitar os hare krishna que estavam segurando flores. Porque elas aprenderam.

Mas a reciprocidade está sempre presente. Quanto mais você recebe o bem, mais você tende a compartilhar o bem.

Agora voltando para nosso mundo de negócios.

Existem algumas estratégias para isso e sou a favor da estratégia de Jay Abraham para você construir um negócio preeminente.

Um negócio preeminente leva tempo para ser construído, mas ele tem a seguinte abordagem:

Entregue o máximo de valor, domine o mercado, ignore completamente seus concorrentes e faça o melhor trabalho possível para estar em todas as mídias, em todos locais possíveis, com a melhor qualidade de conteúdo possível.

Com isso você simplesmente domina o mercado e ninguém consegue o acompanhar.

É isso que busco desenvolver em meu site pessoal e redes sociais enquanto as mantiver ativas.

Porque o fato de trazer informação de qualidade, com consistência e constância em vários meios, aumentou muito a minha autoridade, e é natural aumentar essa sensação de troca.

As pessoas têm uma tendência maior de retribuírem financeiramente comigo, porque entrego valor real.

Mas veja que até esse ponto eu concordo que você precisa construir conteúdo de altíssima qualidade.

Mas daqui pra frente começam a acontecer algumas divergências.

Porque o que é comum no mercado digital é você construir uma lista de e-mail através de "iscas gratuitas" (ou "seguidores").

Já falei isso.

É muito melhor você construir uma lista de clientes: pessoas dispostas a pagar e se envolver de verdade com você e entrar no seu mundo, do que ter uma lista sempre de pessoas que estão atrás de conteúdo gratuito.

Esse é um equilíbrio difícil de ser encontrado.

Prefiro entregar um conteúdo de alto valor para todos, mas dar MAIS valor ainda para quem já está dentro do meu mundo, para quem já comprou pelo menos um dos meus livros ou faz parte de alguns dos meus programas.

Invista nisso, em CLIENTES. E não apenas construir conteúdo gratuito em listas enormes de pessoas que não vão comprar de você.

Outro ponto importante:

Algumas pessoas têm medo de dar conteúdo demais em suas cartas de vendas.

Novamente, tudo isso depende. Ryan Levesque sugere que você não subestime o poder da reciprocidade nas suas cartas de vendas.

Se você realmente está fazendo uma comunicação de venda, mostre que você realmente tem muito conteúdo para transmitir para seu futuro cliente.

É muito comum você dar 3 dicas.

Mas dê 3 dicas realmente fantásticas. Que vão mudar a vida do seu cliente.

Você pode montar a sua comunicação como o seguinte:

"Essas são apenas 3 dicas e tem muito mais que você vai aprender dentro do meu programa, meu método."

Você precisa encontrar o equilíbrio entre dar o conteúdo de valor, mas dar o suficiente para que as pessoas tenham transformações reais, e também que elas tenham vontade de querer ainda mais.

Esse é o grande ponto que ao longo do tempo você precisa encontrar.

Não há receita mágica se pode dar mais ou menos informação.

Geralmente você diz "o que" a pessoa precisa fazer para resolver o problema dela.

Mas o "como" fazer, o detalhe do que fazer, a pessoa precisa pagar para receber a informação completa dentro do seu programa.

21 – RIMA

Esse é um gatilho para você simplesmente criar um construção textual que trabalhe em rimas.

Na prática, nunca me preocupei com ele.

Mas é bom você ter mais esse conhecimento à sua disposição.

Se você cria uma comunicação que rime, por exemplo:

"Ainda bem que tem Lojas Cem"

Em uma comunicação rápida, as pessoas vão associar isso e não vão fazer nenhuma análise crítica.

Simplesmente por soar bem, se não for feita nenhuma análise lógica em cima dessa comunicação, as pessoas tendem a confiar e acreditar que este "mote" é real.

Estou trazendo isso mais como curiosidade, porque na prática nunca me importei com esse gatilho.

É apenas mais uma construção textual que você também pode utilizar.

22 – RITMO

Este é outro gatilho que também faz parte de uma construção textual, como o anterior.

Mas o que isso significa na prática?

A sua comunicação precisa ter um ritmo, ela precisa ser gostosa, fluída, não pode ter "trancos", tropeços.

O objetivo de uma carta ou vídeo de vendas é tirar o máximo de atrito possível do seu cliente, e é aqui que esse gatilho do ritmo atua.

Na verdade a melhor forma que você tem para entender na prática como isso funciona é a seguinte:

A primeira é você lendo em voz alta a sua própria comunicação.

Veja se você não engasga, se não tem alguma palavra que soe estranho, e se todas as frases estão tendo uma conexão adequada.

Essa é a forma mais simples de ver se sua comunicação está com ritmo adequado.

Agora, a forma mais eficaz para você aprender a criar esse ritmo é copiando à mão as cartas e roteiros de vendas de campanhas que tiveram resultado muito bom.

Por isso no meu primeiro livro trouxe várias cartas de vendas.

E se você acessar a área de bônus desse livro também terá algumas à sua disposição para ver e copiar.

Por que o copiar à mão é tão importante?

Porque você, além de estar ativando mais partes do seu corpo (é fisiologicamente provado que o cérebro associa), internaliza melhor o que está escrevendo.

Quando você faz esse movimento de copiar à mão e inclusive ler em voz alta quando copia cada frase, você começa a sentir e entender o ritmo dessas comunicações que já tiveram sucesso.

Não há uma regra fixa para você estabelecer o ritmo.

Por isso recomendo que você desenvolva o hábito de ler bastante. Procure mesmo ler histórias, ficção.

Gosto muito de O Senhor dos Anéis e Harry Potter também desenvolveu um ritmo de história muito bom.

Observe a fluidez, a descrição das histórias e como a comunicação se desenvolve.

Desenvolvendo o hábito de copiar à mão as cartas de vendas que já tiveram grande sucesso, você também entenderá o ritmo que as suas comunicações também podem ter.

E com a prática você aprenderá a criar cartas, comunicações de vendas poderosíssimas com o ritmo adequado, com o mínimo de atrito.

Por muitos anos recebi críticas diversas porque eu "escrevia mal"... e aqui está um outro segredo.

Muitas partes dos meus livros não foram "escritos". Foram "falados".

Ou seja, você não está "lendo" esse livro.

Eu estou "falando" esse livro para você... e isso muda completamente o ritmo da comunicação.

23 – EXCLUSIVIDADE

Esse gatilho mental também é outro que vou trazer apenas uma referência rápida para você.

De certa forma, ele também está ligado ao gatilho mental da escassez.

Funciona da seguinte forma:

Você passa a sensação ao seu cliente que ele está recebendo algo exclusivo, que ele faz parte de um grupo seleto.

Essa comunicação é muito poderosa quando você cria uma estratégia de vendas que envolve programas de assinatura.

Você pode desenvolver algo como o seguinte:

"Como membro do clube X você recebe benefícios exclusivos. Você recebe todos os meses na sua casa determinado produto, e acesso exclusivo a um consultor que vai guiá-lo ao seu objetivo.

E mais, como Membro Premium, você também recebe o benefício x..."

Passe a sensação ao seu cliente que ele faz parte de algo exclusivo, que ele é diferenciado.

Assim você também tende a criar um senso de identificação maior.

A Apple construiu muito bem essa comunicação de exclusividade.

Trazendo a ideia e a noção de que quem tem os produtos dela é uma pessoa fora do padrão, uma pessoa incomum, um desajustado que não se encaixa no *status quo*.

Por isso que até hoje a Apple arrebanha uma legião de fãs.

Essa é a comunicação de exclusividade. Mesmo tendo milhões de pessoas com o mesmo produto, você ainda tem a sensação de pertencer a algo único, diferenciado.

Explore isso na sua comunicação, de como seu cliente pode se sentir único, especial, e diferente das outras pessoas.

As pessoas estão em buscas de status, de fama, de serem vistas como pessoas legais, diferentes e descoladas.

Se na sua comunicação você transmite isso, mais uma vez você tem uma oportunidade muito grande de aumentar as suas vendas.

24 – "INIMIGO COMUM"

Esse gatilho é o último que vamos falar para a ativação das emoções.

Esse é um gatilho muito poderoso, mas você também precisa usá-lo com muito cuidado.

Porque você pode construir uma comunicação que diz que há alguém ou alguma coisa conspirando contra o seu cliente.

Quando você se posiciona revelando qual é esse inimigo, você novamente constrói e reforça a sua autoridade, ao mesmo tempo que consegue engajá-lo em uma causa contra esse inimigo.

Um exemplo muito comum é falar da indústria médica, indústria farmacêutica, de alimentos ou até mesmo do "sistema", bancos, governos.

Esses são inimigos comuns que você pode utilizar na sua comunicação para fazer com que o seu cliente se engaje na sua causa e fique ao seu lado para combater esse "inimigo".

Entenda que isso é poderoso porque você revela um inimigo oculto.

Alguém que quer prejudicar o seu cliente.

E ao se posicionar como um aliado, você ativa a raiva contra esse inimigo. E fica como uma pessoa confiável, que seu cliente vai confiar para comprar.

Aqui que começa a entrar a delicadeza de utilizar essa comunicação.

Se você fala para seu cliente o seguinte:

"O seu inimigo é a indústria farmacêutica, então compre meu produto para nós lutarmos contra ela."

Essa comunicação é oportunista e sem sentido.

Você precisa passar por todo o caminho para construir a sua autoridade, ativar a reciprocidade e as emoções que seu cliente precisa para ver que seu produto é uma arma de combate ao inimigo.

Um exemplo que essa evidência fica muito clara...

Imagine Star Wars.

O inimigo é o Darth Vader.

O seu cliente é o Luke Skywalker.

Você é o mestre Yoda.

E o seu produto é o sabre de luz.

Mas você precisa mostrar para o seu cliente que a única forma de combater o Darth Vader é dominando a Força e não ir para o lado negro.

A própria luz do sabre determina em qual lado você está. Você usando com maestria a Força, você vai conseguir se posicionar contra o Darth Vader e vencer essa batalha.

Depois de toda essa apresentação, você conta a história de outros Jedis que passaram pela mesma luta, que conseguiram sucesso, e você mostra que você tem o sabre de luz ideal.

Perceba como a comunicação é sutil.

O seu cliente não está comprando um sabre de luz. Está comprando a libertação contra o Darth Vader.

O sabre de luz junto com a sua orientação é o que vai permitir que o seu cliente alcance a liberdade e vença a tirania.

Voltando a cenários reais.

"Uma vitamina que seu corpo precisa é a vitamina D3 e você consegue obtê-la simplesmente ficando alguns minutos no sol por dia.

Mas o vidro da janela bloqueia os raios UV que ativam a vitamina D3.

Então mesmo se você toma sol no seu escritório ou no seu carro, você não está recebendo os nutrientes que precisa porque existe um grande interesse da indústria médica.

Porque sem essa vitamina você fica suscetível a 14 tipos diferentes de câncer.

É por isso que você precisa de um suplemento de vitamina D3 com tudo que você precisa para não ser mais uma vítima da indústria médica.

Mas o problema é que outros suplementos de vitamina D3 no mercado não tem uma boa procedência. Você precisa de um laboratório confiável, certificado pela Anvisa.

Por também não confiar nos laboratórios, decidi fazer uma produção artesanal na minha empresa..."

Percebe como você pode fazer uma construção nesse sentido?

Como eu disse, essa é uma construção de história poderosa.

Quando você engaja seu cliente para combater um inimigo, você tem uma chance muito grande de convencê-lo e de colocá-lo ao seu lado, para que juntos vocês combatam esse inimigo.

Porém, novamente...

Com o grande número de comunicações parecidas, o maior cuidado que você precisa tomar é de não criar um inimigo "batido".

Se todos falam que os problemas são os médicos, indústria farmacêutica, chega uma hora que seus clientes não dão mais bola.

Inclusive porque várias das soluções que prometem vencer o inimigo não funcionam.

Esse é o grande problema da falta de credibilidade do mercado.

Você precisa ter bastante cuidado em se posicionar bem em relação ao "inimigo" porque o seu cliente precisa prestar atenção em você e nesse inimigo real.

Além de criar esses inimigos, mais ou menos imaginários, você também pode colocar que o inimigo é o próprio cliente.

Por exemplo:

O maior inimigo não é a indústria alimentícia ou a farmacêutica. O seu maior inimigo pode ser o seu DNA.

Aqui novamente nós voltamos para o gatilho mental da especificidade.

Porque você precisa explicar de forma exata porque o DNA do seu cliente é o inimigo. Qual gene dele é responsável pelo problema de obesidade e sobrepeso que ele pode estar enfrentando.

Então esse é um gatilho importante, mas você precisa usá-lo com cuidado.

Particularmente não construo tantos inimigos na minha comunicação, exceto os "pseudogurus" do mercado.

Mas quando preciso criar uma comunicação de mudar a vida, mudar de profissão, alcançar a liberdade financeira, costumo criar inimigos que trabalham de forma ardilosa.

Apenas evito vincular a grandes inimigos públicos, como governo, sistema, justamente para criar um inimigo diferente, e onde as pessoas não estão olhando de verdade.

LOGOS:
A VOZ DA RAZÃO

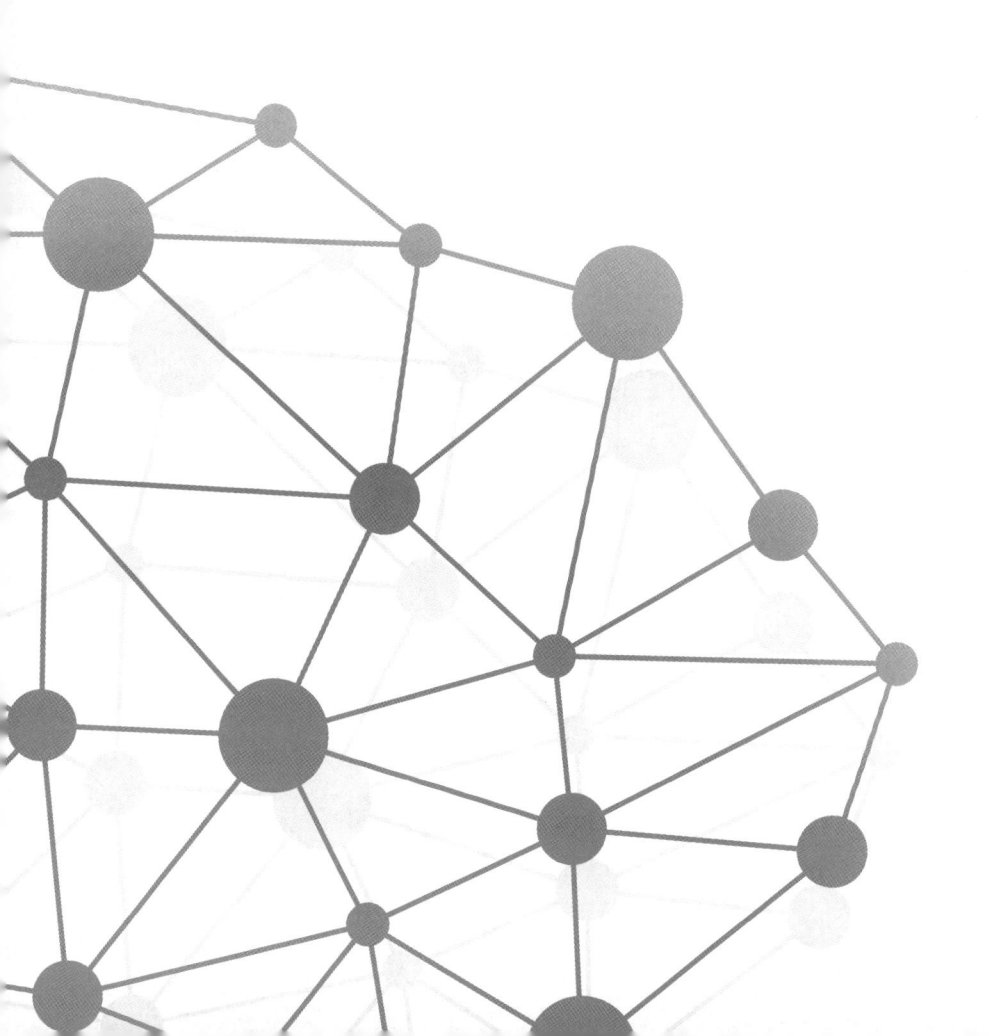

Agora que nós já construímos a sua Credibilidade, e, você já entendeu a Coroa de Ferro e a Joia da Coroa, nós passamos pelos gatilhos que trabalham as emoções (Pathos).

Porém, entenda o seguinte: 80% das decisões de compra são tomadas de forma emocional.

Quando você constrói a sua autoridade, conta histórias, faz seu cliente tomar a decisão emocional de que ele precisa do seu produto...

Agora precisa ajudar o seu cliente a justificar a decisão dele com a lógica (Logos).

Esse é o foco dessa parte final dos gatilhos.

Logos é o **Grilo Falante**, que ajudará seu cliente a tomar a decisão correta.

25 – ESCOLHA

Lembre-se que os gatilhos se entrelaçam e são uma coisa só.

O gatilho mental da escolha pode ser tratado tanto como um gatilho emocional quanto um gatilho lógico.

Há várias formas que você pode trabalhá-lo.

Imagine o seguinte...

Você vai a uma loja de queijos e há 45 tipos diferentes de queijos para você ver, sentir o cheiro e degustar.

Em outra loja há apenas 5 tipos de queijo pra você provar e degustar.

A probabilidade é que você vai comprar alguma coisa da loja que ofereceu apenas 5 opções de queijo.

Porque quando você tem muitas opções você precisa pensar demais para tomar a decisão.

De um modo prático para você poder aplicar isso em seu negócio...

Primeiro, procure mostrar apenas uma oferta para seu cliente, para que ele não perca tempo comparando qual produto ou plano oferecido é o melhor.

Ofereça apenas o Plano Premium ou então crie um contraste muito grande entre as duas ofertas.

Por exemplo um plano mensal que é R$ 20,00 por mês e um plano anual que é R$ 40,00 no ano.

Esse é um exemplo extremo, mas que reflete bem a simplificação da escolha.

Vamos falar mais um pouco disso no gatilho do contraste.

Esta é uma forma simples para seu cliente ter menos escolhas e naturalmente aumentar as suas vendas.

Esse é um grande problema também em lojas de e-commerce: quando seu cliente entra em sua loja, mesmo que seja uma promoção de um produto, cai no site e tem várias opções para escolher.

Como ele fica diante de tantas escolhas e tantos produtos, novamente precisa pensar demais para justificar uma compra.

Se você tem uma loja de e-commerce e faz uma campanha direcionada para um produto, procure mostrar **apenas** esse produto, e foque a comunicação nele para que o cliente compre.

Senão, existe uma tendência muito grande do seu cliente dispersar e ficar perdido na hora de escolher.

Um cliente tem um canal no Youtube com mais de 1 milhão de inscritos. Como ele posta vários vídeos e nem todos estão "amarrados", em algumas campanhas acaba gerando uma certa dificuldade para promover algo novo... Exatamente porque tem sempre "muita coisa acontecendo" ao mesmo tempo.

Essa é uma decisão, uma escolha lógica, simples... mas também pode ser uma escolha EMOCIONAL.

Gosto de trabalhar essa escolha emocional da seguinte forma...

Logos: A voz da razão

"Você pode seguir como sempre fez e você já sabe aonde vai chegar.

Ou você pode tomar esse caminho mais rápido porque eu já fiz o trabalho pesado para você.

Você precisa apenas seguir esse caminho seguindo as minhas orientações."

Você mostra uma escolha de caminho: continuar como está ou tomar o caminho que você está mostrando para seu cliente.

Veja que esta é uma escolha emocional, mas que também ativa as escolhas lógicas.

Seu cliente pensa: "Poxa já estou nesse caminho, não está dando certo. Preciso tentar algo diferente."

Esta é uma forma simples onde você pode apresentar escolhas para o seu cliente.

Se você tem produtos ou planos, mostre apenas um. Não dê tantas opções.

Se você está mostrando o caminho para seu cliente, mostre essa escolha emocional que ele está tomando.

Continuar como ele sempre esteve, tendo os mesmos resultados, no mesmo tipo de relacionamento, no mesmo corpo, ou tentando soluções que não funcionaram antes, procurando soluções miraculosas que não funcionam...

Ou pode seguir um caminho provado e testado.

Outra forma que você tem para trabalhar esse gatilho na hora de mostrar os produtos é já deixar pré-selecionado o "melhor plano" escolhido e destacado.

Você pode complementar com elementos de prova social, como colocar "melhor compra", "melhor valor", "aclamado pelos consumidores".

Esses são elementos que vão ajudar bastante na escolha lógica do seu cliente.

E, por último, um exemplo que também funciona muito bem, e muitos jornais e revistas testam essa abordagem.

Você oferece seu plano "básico"... e seu plano "premium" é do mesmo valor... mas com um bônus.

Como muitas revistas fazem hoje?

Em valores fictícios:

Assinatura digital: R$ 10,00

Assinatura digital + física: R$ 10,00

Adicione um bônus com alta percepção de valor, e mostre essa escolha, e você também verá um incremento nas vendas.

26 – CONTRASTE

Este é um dos gatilhos mais complexos ao mesmo tempo que é um dos mais simples para você criar as justificativas lógicas na cabeça do seu cliente.

No gatilho mental da escolha você facilita a tomada de decisão do seu cliente. Mostra a ele a "melhor escolha" ou destaque um plano ou um produto.

Você diminui as opções, e mostra as escolhas emocionais que ele está tomando, dos resultados e da vida que ele vai ter...

Você também pode usar o contraste de forma lógica e direta, principalmente no preço... e também contrastar com a emoção, com a vida que ele tem ou terá se não tomar a decisão imediata.

A forma mais simples de utilizar o contraste é o que nós chamamos de âncora de preço.

Por que âncora de preço funciona?

É muito comum encontrar isso no marketing digital.

Você coloca preços nos bônus que você está oferecendo com seu produto, ou você cria um preço imaginário e usa isso como âncora.

Uma comunicação muito comum que você encontra é a seguinte:

Esse produto poderia ser vendido por R$ 3 mil, mas você não vai pagar esse valor e nem mesmo a metade desse valor. Para ter acesso a tudo isso você vai precisar investir apenas R$ 800,00.

Veja como o contraste está atuando...

Está criando uma referência de preço alto (R$ 3 mil) e vai fazendo cortes no preço para contrastar o preço de R$ 3 mil com o preço de R$ 800,00.

Essa é uma estratégia que funciona, porém muitas vezes da forma que é usada não tem o efeito desejado.

O que muitas vezes acontece é que são criados valores absurdos para criar essa âncora de preço.

É comum você encontrar comunicações por aí dizendo que "poderia ser vendido por R$ 100 mil", "R$ 20 mil", "R$ 10 mil", quando na verdade esse valor está totalmente fora da realidade (e o produto final é oferecido por R$ 10).

E isso fica mais absurdo ainda quando o "vendedor" parece mais com um "zé ruela" do que uma autoridade estabelecida.

Você pode <u>sim</u> determinar um valor para seu produto e fazer esse corte de preço para promoções e campanhas específicas.

Lembre-se, o ideal é você trabalhar com escassez real.

Se você diz na sua comunicação que o preço com desconto é por tempo limitado, <u>faça</u> realmente esse desconto valer até determinado tempo e depois você muda a oferta.

Já falei da ferramenta DeadlineFunnel, que cria prazos reais, mesmo em "funis perpétuos". Posso determinar que um produto ou oferta é válida apenas até determinada data, e depois o valor ou os bônus mudam.

Esse "ancoramento extra" de preço, através de um bônus limitado (como uma consultoria especial sua ou qualquer outra forma de suporte que você pode dar a seu cliente), é muito forte.

Um formato de bônus que também funciona bem para esse tipo de escassez, para criar essa âncora e referência de preço, é você oferecer aulas ao vivo.

Porque as pessoas têm uma percepção maior de valor com aulas ao vivo do que aulas gravadas.

Você pode oferecer isso ao seu cliente.

Uma comunicação que uso muito e você também pode usar é de oferecer meia hora ou uma hora de consultoria com seu cliente.

Você pode determinar que cada hora de consultoria sua vale R$ 500,00.

Veja que essa hora de R$ 500,00 não é um valor fora da realidade para um consultor.

Se você tem um produto que vende por R$ 800,00 e você dá de bônus uma hora de consultoria você pode dizer que você está dando de presente para seu cliente R$ 500,00 em bônus.

Veja que ainda estamos na superfície...

Mas uma boa referência para você criar uma âncora de preço é 3 vezes o preço real que você irá cobrar.

Se o seu produto é R$ 3 mil você pode criar uma âncora de R$ 9 mil, porque o efeito do corte não será "fora da realidade".

Um dos grandes problemas que causa a perda de percepção do valor real e cai para o lado duvidoso e fraudulento em vez de uma grande barganha, é você ancorar um produto de R$ 1 mil e vendê-lo a R$ 7,00.

Essa âncora muito distante cruza a linha da realidade e passa a ter a percepção de algo duvidoso.

Agora vamos aprofundar...

Lembre-se que o nosso cérebro processa estímulos visuais de forma muito mais rápida. Uma imagem tem uma força muito maior do que apenas uma palavra completa.

Você pode aproveitar essa característica do cérebro e usar pequenos *hacks* na hora de apresentar o preço do seu produto.

Por exemplo:

Imagine que no seu produto, a âncora de preço será R$ 100,00, e você vai vender por R$ 47,00.

Se for um vídeo de vendas ou mesmo uma etiqueta de um produto, você pode colocar a âncora de preço como...

R$ 100,00

E você apresentar o preço real do produto sem o ",00"...

R$ 47

Acontecem vários efeitos, a âncora de preço é plausível porque está dentro do limite de 3 vezes o valor real.

Quando adicionamos o ",00" conscientemente nós sabemos que o ",00" não entra no preço.

Porém, o cérebro processa isso muito rápido, e inconscientemente 100,00 é muito maior do que apenas o 47.

São pequenos efeitos cumulativos que aumentam a sua conversão em vendas.

Outra estratégia importante para você usar em sua estratégia de preços é, ao mostrar o preço que será cortado você apresentá-lo com um risco e com um tamanho maior, e se for possível utilize a cor vermelha.

E o preço real você apresenta em tamanho menor, embaixo ou do lado, em verde.

~~R$ 100,00~~ R$ 47

Isso ativa várias coisas.

O vermelho aparece como algo agressivo, que muitas vezes ativa a sensação de algo que não queremos.

Quando você mostra um preço cortado na cor vermelha, é como se você estivesse dizendo ao cérebro do seu cliente que ele não quer aquilo.

Mas algo verde, algo calmo, sereno e com um valor mais acessível é muito mais atrativo.

Essa é mais uma dica simples de como usar o contraste.

Uma outra forma que você precisa prestar atenção, principalmente em vídeos de vendas, é você <u>não</u> repetir o valor da sua âncora de preço após o valor real.

Porque o último preço que fica na mente do seu cliente é o último valor que você falar pra ele.

Imagine que você cria uma comunicação da seguinte forma:

"O valor desse curso é de R$ 2.000,00, mas você não pagará isso. Você precisa investir apenas R$ 800,00. São R$ 1.200,00 de desconto."

Quando você coloca qualquer valor maior após a apresentação do preço real, o número que fica na cabeça do seu cliente é o último.

Preste atenção nisso.

Agora, você pode ir além.

Existe uma estratégia de preço que nós chamamos de "reduzir ao ridículo".

E essa estratégia nós usamos da seguinte forma:

Imagine que seu produto custa R$ 900,00.

Você pode reduzir ao ridículo da seguinte forma dizendo que são menos de R$ 3,00 por dia (pensando em um parcelamento de 12 meses).

Você pode criar um contraste de preço ainda maior do que o simples corte de preço, trabalhando números reais.

Quando você cria essa mensagem de que "são menos de R$ 3,00 por dia", você faz essa redução ao ridículo, e a percepção do preço e que é um bom investimento aumenta muito.

Veja que ainda estamos falando apenas do preço.

Ainda vamos falar do contraste emocional, o contraste da situação atual para a situação futura.

Estamos focando no preço porque na hora da apresentação é quando o "cérebro lógico" começa a atuar, e se você não tiver uma comunicação sólida você pode deixar uma venda escapar.

Uma prática comum do mercado é você encontrar preços que terminam em 7 ou em 9.

Isso gera efeitos positivos sim, porque o cérebro tem uma característica de arredondar para baixo.

Se o valor do seu produto é R$ 100,00, você apresenta o valor como R$ 97,00. É como se o cérebro "lesse" R$ 90,00, justamente por essa associação para baixo.

E preste atenção nesse detalhe... faça o possível para o último digito do seu preço ser menor que o primeiro dígito. Assim você "força" o arredondamento para baixo.

Se você tiver que escolher entre vender por R$ 49,00, R$ 47,00 ou R$ 42,00, faça o teste.

Existe uma possibilidade do valor de venda de R$ 42,00 vender um pouco mais do que os outros valores.

Claro, apenas um teste irá confirmar essa teoria. Não existe regra absoluta quando falamos da psicologia humana.

A melhor forma de testar é você mostrar o seu produto em cada uma das faixas de preço para mil pessoas diferentes. Menos do que isso, seu resultado não será expressivo para uma conclusão.

Perry Marshall recomenda você obter pelo menos 35 vendas para ter a referência correta de variação de ofertas.

Muitos dizem que números ímpares convertem melhor que números pares.

Números ímpares chamam sim mais atenção, mas em meus testes atuais não identifiquei uma diferença real de resultados entre números ímpares ou pares na hora de apresentar o preço.

O que já vi diferença sim, é na hora de criar chamadas que geram curiosidades (3 ou 5 "passos" em vez de 4).

Em preço não encontrei efeitos.

Agora vamos além da venda de um único produto.

Foi feito um estudo onde as pessoas foram a uma loja e o primeiro produto que elas viram estava na faixa de valor de R$ 500,00.

O primeiro contato das pessoas foi com esse produto de R$ 500,00.

A consequência é que o ticket médio das vendas ficou em torno de R$ 300,00.

Porém, em determinado momento as pessoas foram apresentadas a um primeiro produto na faixa de R$ 2 mil, um valor que naturalmente é fora do orçamento de um número maior de pessoas.

O efeito imediato que aconteceu... o ticket médio passou para R$ 600,00.

Isso acontece porque quando as pessoas veem que existe um produto mais caro, a âncora de preço delas naturalmente aumenta.

Você pode muito bem aumentar o ticket médio dos seu produtos, até mesmo da sua loja física ou de seu funil de vendas, apresentando primeiro produtos de valor mais alto.

Uma forma de fazer isso é deixar publicamente exposto que para trabalhar com você, se você é um coach, um consultor, ou copywriter, o valor mínimo para o trabalho é de R$ 5 mil ou de R$ 10 mil.

Deixe aberta no seu site uma opção de contratação direta, por exemplo.

Lembre-se de trazer o valor real do seu trabalho.

Qual a tendência de efeito imediato?

As pessoas sabendo que para trabalhar com você custa R$ 10 mil, uma oferta para ter um curso seu, mais uma hora de consultoria, por "apenas" R$ 1 mil... se torna muito mais atraente.

Seguindo nessa linha da apresentação de produtos de valor maior, é muito falado no mundo do "marketing digital" sobre a estratégia do McDonalds para fazer upsell, ou seja, fazer mais vendas após o primeiro pedido.

Fala-se muito que se você oferece um produto de R$ 7,00, em seguida apresenta outro de R$ 100,00 e por fim um de R$ 500,00. E dizem que essa é a estratégia do McDonalds.

Porém... essa NÃO é a estratégia do McDonalds.

A verdadeira estratégia que duplica, triplica o seu volume de upsells é justamente fazer o contrário.

O McDonalds não oferece primeiro uma batata de R$ 2,00 para depois oferecer um hambúrguer de R$ 10,00.

Ele primeiro oferece o hambúrguer de R$ 10,00 e depois pergunta se por mais R$ 1,00 você aumenta o tamanho da batata.

Essa é a verdadeira fórmula do McDonalds: oferecer primeiro um produto de valor maior, e perguntar depois se a pessoa deseja o produto de valor menor.

Logos: A voz da razão

Essas são algumas dicas rápidas que você pode utilizar para aumentar suas vendas.

Porém, há outras formas de usar o contraste.

E agora vamos sair do aspecto lógico, principalmente do lado do preço, e analisar o lado do contraste emocional das pessoas.

Um gatilho muito forte que você precisa aprender a usar é o gatilho da imaginação.

Este gatilho tem uma força muito grande nesse momento.

Porque aqui você pode criar uma comunicação da seguinte forma...

"Imagine você daqui a um ano. Imagine que você está com uma nova carreira, ganhando bem, está feliz, se sentindo realizado porque você faz o que você ama."

Este é mais um exemplo de "imaginar o futuro", que falamos no gatilho da Imaginação.

Mas por que estamos falando do contraste? Porque você pode continuar essa mesma comunicação com o seguinte:

"Você tem essa vida agora à sua disposição, está aqui na sua frente.
Você só conseguiu isso porque tomou a decisão correta agora. Você não precisa mais ficar preso num trabalho que você não gosta. Qual o custo de você continuar a sua vida como está agora?
Você sabe qual é a melhor decisão. E você sabe que já tomou essa decisão, e você está pronto para dar esse passo agora."

Uma comunicação com esse sentido, com esse tom, cria um contraste emocional da vida atual com a vida futura.

Quando você faz o seu cliente imaginar o futuro, você cria uma vontade muito grande para que seu cliente queira ter essa vida que ele acabou de imaginar.

É como ativar a escassez, o medo da perda.

Lembre-se: o cérebro não sabe a diferença entre a imaginação, uma memória e um fato real.

Por isso, se você trabalha junto desse *future pace*, imaginar o futuro, o contraste da vida atual...

Você tende novamente a conseguir fazer o movimento de "cutucar a dor e buscar o prazer" no momento que é mais importante: no momento da venda, que é justamente no final da sua mensagem.

Também gosto de trabalhar com o contraste com o futuro.

"Como você se sentiria se daqui um ano você estiver exatamente na mesma situação que agora?"

27 – SE... ENTÃO

Agora continuando com os gatilhos da lógica.

Existe uma estrutura muito poderosa que você pode usar na sua comunicação que é a do "Se... Então..."

Essa estrutura é muito simples.

Entenda o seguinte: **se você usar essa técnica, você convencerá seu cliente**.

Escrevi essa frase acima de forma proposital para você entender o efeito.

Faz parte do nosso cérebro lidar com hipóteses e possibilidades.

Quando nós apresentamos essa estrutura do "se" (se "tal" possibilidade é verdade)... então "isso" é uma consequência.

Por mais que nós tentemos lutar contra isso, é uma estrutura inata dentro do nosso cérebro.

Se você usar essa frase várias vezes, você vai criar argumentos lógicos para manter a conexão com seu cliente e ajudar a justificar a escolha que ele acabou de tomar. (veja como usei novamente a estrutura)

Essa construção de frase é poderosa e é tão simples quanto isso.

Logos: A voz da razão

Gosto de usar essa estrutura do "Se... Então..." na abertura das minhas cartas de vendas, e também em meus vídeos sociais, por exemplo:

"Se você quer saber como criar uma comunicação altamente persuasiva, continue vendo atentamente essa mensagem."

Veja como ocultei a palavra "então".

Porque essa estrutura é tão poderosa, tão inerente dentro de nós, que você pode omiti-la sem problemas.

Em cartas e vídeos de vendas gosto de usar essa estrutura do "Se... Então..." em mais 2 situações: no momento da transição da história para fazer a introdução da oferta.

Costumo dizer algo parecido com o seguinte:

"Se você está aqui é porque você quer alcançar o seu objetivo"
(seja esse objetivo emagrecer, ganhar dinheiro, viver uma vida diferente, etc.)

Também uso muito essa estrutura de frase para dar o empurrão final no cliente para que ele tome ação.

Por exemplo:

"Se você está pronto para viver essa vida que você sempre quis e quer ter mais tempo e dinheiro para você e sua família, então clique no botão aqui embaixo para completar o seu acesso."

A estrutura do "Se... Então..." é muito forte.

Você pode utilizar sempre que quiser. Você cria pequenas pontes de convencimento ao longo da sua comunicação

Usando essa estrutura de frase você consegue colocar na mente do seu cliente todas as crenças que ele precisa ter para acreditar e comprar o seu produto.

28 – JUSTIFICATIVA

O gatilho mental da justificativa talvez seja o gatilho mais poderoso de todos e você deve sempre usá-lo.

Robert Cialdini fez um experimento onde ele furava filas de uma copiadora dando várias justificativas.

Quando ele justificava porque estava furando fila, seja porque estava com pressa, estava dando aula ou qualquer motivo "esfarrapado", as pessoas aceitaram o argumento 94% do tempo.

Apenas o fato dele justificar a ação já gera o efeito de conexão, de "ok" para a maior parte das pessoas.

Por isso é importante você sempre utilizar essa estrutura de frases ao longo da sua comunicação.

Uma forma muito comum que uso isso é da seguinte forma:

"Se você quer aprender um método simples, testado e provado para criar estratégias de vendas matadoras essa pode ser a mensagem mais importante da sua vida.
Aqui está porque:"

A palavra "porque" tem uma força muito grande.

Existem variações que você pode usar. Prefiro usar a palavra "por isso" em vez de "pois", mas dê preferência para o "porque".

Porque você não fala no seu dia a dia a palavra "pois" (pelo menos a maioria das pessoas).

Novamente porque nos meus testes eu tive melhores respostas, maior fluidez.

Uma forma muito boa de utilizar isso é na hora de apresentar o preço do seu produto.

Junto com o contraste, você pode apresentar o seu preço:

"O preço é R$ X, porque vou fazer isso por tempo limitado."

Na verdade você pode dizer qualquer coisa, até mesmo "esse é o preço porque eu quero".

Lembre-se: você está montando uma comunicação de vendas.

Por mais que nesse momento estamos falando de estratégias textuais que você pode escrever ou falar, o mais importante é a sua estratégia de negócios como um todo.

O objetivo da sua comunicação é vender. Você precisa tirar o máximo de obstáculos possíveis da frente do seu cliente.

Nós chamamos isso de "tirar o atrito", "tirar a fricção".

Se você coloca uma desculpa esfarrapada para justificar seu preço ou seus argumentos, isso gera atrito, e pode diminuir o seu volume de vendas.

29 – GARANTIA E REVERSÃO DE RISCO

Se você está diante de uma oferta, seja ela qual for...

E você precisa investir R$ 50,00 nela.

Há todo o potencial para você transformar sua vida.

Mas...

E se isso não acontecer, por qualquer motivo?

Se não funcionar, você não gostar, ou mesmo perceber que você não tem tempo de ver isso agora?

Para isso existem as garantias.

O que se tornou "padrão" no marketing digital é você oferecer garantia de 30 dias.

Isso ajuda, claro, mas entenda o seguinte...

Quanto MAIS você cria uma garantia para deixar seu cliente tranquilo com a decisão, melhor.

Comecei a usar a seguinte comunicação para alguns produtos:

"Você mais rico daqui a um ano ou seu dinheiro de volta."

Um mentor meu vai além e diz:

"Você tem dois anos para decidir se o seu investimento valeu a pena. Se daqui a dois anos você achar por qualquer motivo que quer seu dinheiro de volta, vou devolver o DOBRO do que você investiu."

Esse é um formato hiperagressivo...

Mas funciona.

Quanto maior o tempo da sua garantia, você AUMENTA seu volume de vendas... e também existe uma tendência de você ter um número MENOR de devoluções.

Porque as pessoas esquecem.

Se você dá uma garantia "curta", as pessoas ficam pensando e "lembrando" que precisam testar o que compraram.

Isso gera desconforto.

Já uma garantia vitalícia tem o efeito contrário.

Paguei o DOBRO do que pagaria em outra mochila, porque a Deuter me dá garantia vitalícia sobre a mochila que comprei.

Se você pensa que isso é arriscado para você em termos financeiros, veja isso.

Uma empresa de peças de automóveis, naturalmente suscetíveis a erros, ofereceu garantia VITALÍCIA aos seus clientes.

O efeito imediato foi quase o dobro de vendas.

Em anos de operação, apenas UM pediu o dinheiro de volta depois de UM ANO. (e menos de 5% pediram reembolso dentro do período de um ano)

Com certeza é um risco que vale o aumento nas vendas.

Agora, de forma prática, como você pode usar isso?

Você pode criar uma comunicação da seguinte forma:

"Você tem a minha garantia INCONDICIONAL que se você seguir minha orientação, conseguirá resultados. Se você seguir minha

orientação nos próximos 6 meses e não conseguir, eu mesmo vou me envolver e lhe ajudar. E se ainda assim não der certo, devolvo seu dinheiro."

Novamente, é uma comunicação agressiva...

Mas imagine usar isso para sessões de coach ou mesmo para empresas de marketing multinível que atuam na venda de produtos reais.

E acredite, na maioria das vezes que alguém pede o dinheiro de volta com uma condição como essa...

É melhor para você.

É melhor devolver o dinheiro do que ter um "cliente problema".

Em alguns casos realmente pode não ter servido para o cliente e ele volta depois em outra ocasião (já aconteceu comigo).

Mas devolva.

Cumpra com a sua palavra.

Várias vezes já tomei decisões financeiras altas devido às garantias oferecidas, e já pedi o dinheiro de volta quando a solução não me atendeu de verdade.

Isso reforça a Autoridade.

Você também pode oferecer garantias de outras formas.

Por exemplo, uma garantia que deixa seu cliente altamente tentado...

"Você faz seu pedido e recebe de bônus o <produto extra>. Você tem 30 dias para testar o produto, e se não gostar por algum motivo, devolvo seu dinheiro imediatamente, e você ainda continua com <produto extra> como uma pequena recompensa por ter dedicado seu tempo."

Faça esse "bônus" ser algo tão bom que as pessoas realmente ficam tentadas em comprar.

Também várias vezes já investi quantias altas pela possibilidade de ficar com o bônus caso não gostasse.

Quando você reverte o risco do seu cliente, e tira o peso da decisão imediata, você cria um alívio emocional enorme.

E as vendas aumentam muito nesse momento.

30 – SIMPLICIDADE

Agora fechando a série dos gatilhos lógicos, vou apresentar um que não faz parte da minha classificação oficial, mas que cabe neste momento.

É o gatilho mental da simplicidade.

Para você entender esse gatilho, precisa compreender essa simples frase:

"Se alguma coisa é difícil demais para explicar, provavelmente é uma má ideia."

Isso se aplica a vários aspectos.

Se você precisa levar muito tempo para explicar o que é o seu produto, como ele funciona... provavelmente a sua comunicação não está simples o suficiente para que o seu cliente entenda.

Quanto mais você simplificar a sua comunicação, deixar o seu produto o mais claro possível, melhor.

Além disso, também há uma forma que costumo brincar com alguns clientes.

Peço a seguinte informação: *"Explique-me sua solução como se eu fosse uma criança de 5 anos."*

Ou às vezes eu peço para explicar a solução em uma frase com até 10 palavras.

Porque dessa forma eu forço o cliente a trazer a informação mais essencial, de forma simples e concisa.

Isso aumenta muito a força da sua comunicação.

Na língua inglesa existe uma fórmula chamada Flesch-Kincaid, que mostra o grau de leitura do seu texto.

Mesmo tendo diferenças no idioma, é uma fórmula que na prática também funciona para o português.

O Flesch-Kincaid trabalha calculando a "idade" do seu texto.

Por exemplo:

1. Esta é uma frase grandiosamente complexa, e escrita de forma proposital para ter alto grau de leitura.
2. Esta é uma frase grande e complexa, e escrita de forma proposital para ter alto grau de leitura.
3. Essa frase é simples, e tem um grau de leitura baixo.

A primeira frase tem uma idade de 21 anos, a segunda tem uma idade de 18,1 anos, a terceira frase tem uma idade de 10,9 anos.

Veja como é um texto mais simples.

Porém, se você ver as comunicações das empresas que têm o maior volume de vendas, e mesmo as cartas de vendas que tiveram o maior resultado... a maioria delas tem uma copy com a idade entre 12 a 13 anos.

Se você conseguir a proeza de criar uma copy, uma comunicação que tenha a idade de 11 anos, melhor ainda.

Porque quando você cria uma comunicação simples, que tenha esse "nível" de leitura, é como se o seu cliente tivesse 5 anos.

A sua comunicação automaticamente desarma as objeções que seu cliente pode vir a ter porque ele passa a "raciocinar" como uma criança de 5 anos também.

Você pode utilizar a ferramenta Hemingway App https://hemingwayapp.com/

Faça o teste e descubra qual a "idade" da sua comunicação de vendas.

Quando você diminuir essa "idade", com certeza terá mais vendas.

Indo além, muitos empreendedores tem a tendência de complicar não apenas sua comunicação, mas seu modelo de negócios como um todo.

Pense o seguinte: como você pode adicionar simplicidade ao que você oferece hoje, ao mesmo tempo que mostra mais valor?

Uma outra pergunta chave é : se você só fosse pago após seu cliente conseguir o resultado na vida dele, o que você mudaria em sua oferta?

A resposta para essa pergunta na maioria das vezes passa pelo processo de simplificação.

Além disso, há uma outra forma muito simples de ativar muitos "gatilhos" ao mesmo tempo, que irão ativar sua Autoridade e Credibilidade, e reforçar os gatilhos lógicos e emocionais ao mesmo tempo.

Adicione "Perguntas Frequentes" sobre seu produto ou serviço.

Todas as dúvidas e objeções que seu cliente possa ter, adicione nessa parte, de forma... simples.

31 – POLARIZAÇÃO: O GATILHO DA EXPLOSÃO

Vimos até agora uma série de gatilhos que aumentam a sua autoridade, ativam as emoções do seu cliente, e ajudam a criar as justificativas lógicas para que ele compre de você.

Porém, antes de irmos para o último gatilho, para o Cetro do Rei, vamos falar sobre o que compõe o gatilho da Polarização.

Tecnicamente é um gatilho de Pathos, emoção...

Mas o poder dele é tão grande... que decidi tratá-lo separado.

Esse livro foi escrito no ano de 2016, onde dois candidatos estavam disputando a presidência dos EUA.

Um deles era o Donald Trump.

No Brasil, em 2018, aconteceu o mesmo entre Bolsonaro e PT.

Donald Trump é o maior exemplo do uso desse gatilho.

Da forma mais simples possível, esse gatilho funciona da seguinte maneira:

Você procura um tema polêmico e se posiciona explicitamente sobre qual é a sua posição.

Pegando o exemplo do Donald Trump.

Ele criou uma polarização enorme nos EUA e atraiu um volume muito maior do que o esperado de fãs e eleitores em razão desse movimento estratégico que ele fez na comunicação.

Ele pegou temas como o patriotismo nos EUA, o protecionismo, e mesmo temas como imigrantes, fronteira com o México, e a proteção aos norte-americanos.

Esses são alguns dos motes que ele acabou usando ao longo da campanha.

Por serem temas tão polêmicos, e ele se posicionar de uma forma tão agressiva, as pessoas simplesmente acabam fazendo propaganda gratuita dele.

E por que esse gatilho é um gatilho explosivo?

Porque existe uma tendência muito grande de você gerar ruído, de você gerar barulho.

Isso pode gerar uma exposição muito grande para você, tanto positiva quanto negativa.

Aqui no Brasil também não é difícil polarizar.

Basta um pequeno comentário sobre "direita ou esquerda", "petralhas ou coxinhas", que você já gera uma briga enorme.

Mas aí que está o pulo do gato.

No caso de uma eleição presidencial como a que o Donald Trump está fazendo, se você parasse para olhar as manchetes, a cada matéria que tinha sobre a Hillary Clinton, tinha outras 4 falando sobre algum tema polêmico do Donald Trump.

Em 2018, Bolsonaro também conseguiu MUITA propaganda gratuita.

Essa polarização planejada pode trazer muitos efeitos benéficos pelo alcance que você atinge.

Fiz algumas vezes a experiência com a minha própria lista de e-mails criando esse movimento polarizado.

Já falei isso antes, mas vou repetir.

Minha posição é firme sobre alguns temas, principalmente sobre o discurso ridículo que existe no marketing digital, com vários pseudogurus que ensinam seus clientes a criarem cursos... e no curso ensinam como criar um curso para ensinar os clientes deles a criar um curso... para ensinar os clientes dos clientes a criarem cursos...

Você entendeu. E infelizmente isso acontece.

Posiciono-me contra toda essa m***a, inclusive escrevendo esse livro como ato de revolta.

Até mesmo me posiciono CONTRA *"copywriting"* e *"gatilhos mentais"*.

Isso não serve para NADA se você não transforma a vida do seu cliente, se você não tem um bom produto, e se você não tem uma estratégia de negócios sólida.

Quando comecei a me posicionar contra esse tipo de atitude e contra tantas orientações sem noção e sem sentido, com falhas grotescas de gestão básica de negócios, gerei um pequeno atrito.

Mas a minha lista passou a responder muito melhor, de forma muito mais forte.

E isso se refletiu diretamente nas vendas.

Claro, você pode ficar preocupado que as pessoas não vão gostar, que as pessoas vão sair da sua lista, ou parar de te seguir nas redes sociais.

Isso na verdade é bom, porque de tempos em tempos faço uma "limpa" na minha lista para ficar apenas com quem está engajado comigo de verdade.

Usando temas polêmicos consigo aquecer quase todos e gero um nível de engajamento muito mais alto do que a média.

As pessoas ficam incendiadas com polêmicas.

E quem não concordar, quem realmente ficar ofendido, que saia.

Porque você quer pessoas que tenham a mesma linha de pensamento de você.

Lembre-se dos gatilhos anteriores, principalmente do Grande Porque.

Tendo pessoas que estão com você, que acreditam nas mesmas coisas que você, você vai construir um negócio realmente sólido.

Por isso, use com moderação.

Não recomendo você fazer igual ao Donald Trump e se posicionar sobre todos os temas polêmicos.

Porque quando você desenvolve um negócio, aos poucos você acaba se tornando uma figura de respeito e referência para muitas pessoas.

Mas sobre temas específicos que você não concorda, se posicione contra isso.

Mostre que você é diferente.

Lembre-se que isso precisa estar amarrado com a sua oferta.

Não adianta você criar uma polarização enorme no mercado e isso não estar de alguma forma ligado com o que você vende.

Não vou falar sobre aborto se não tiver um produto sobre maternidade para vender.

Porque também não adianta estarem falando de você, se você também não tem nada para realmente agregar a essas pessoas.

Este é um dos gatilhos mais poderosos que você pode usar.

E, acredite.

Você amarrando essa polarização com uma oferta de valor, você tende a construir um número muito expressivo de seguidores.

Pessoas que estarão sempre prontas a escutar o que você tem a dizer e a comprar tudo o que você tenha a oferecer.

O próprio fato de eu dizer que gatilhos mentais não servem para nada (e o convencer a comprar um livro sobre isso), é um dos exemplos do efeito da Polarização.

Não acredite em mim, faça o teste.

Ou como costumo falar dentro do meu Círculo Interno...

Testa essa p***a e não me enche o saco.

O CETRO DO REI: STORYTELLING

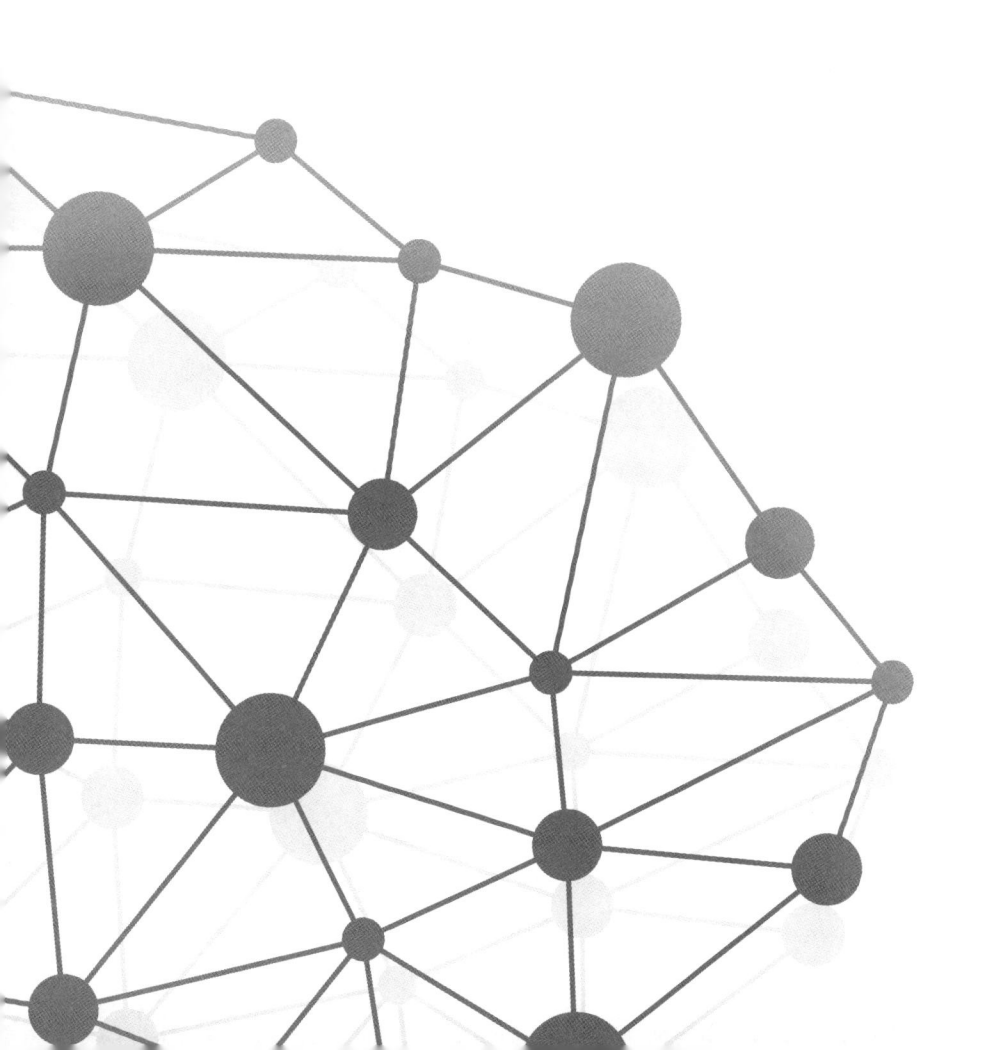

Antes de falar desse gatilho, vamos recapitular rapidamente o que vimos até agora.

Primeiro, vimos a **Coroa de Ferro** (especificidade, autoridade, escassez e prova social).

Junto com a **Joia da Coroa** (Prova), construímos sua Credibilidade (Ethos).

Nós trabalhamos o Ethos, a sua autoridade, a sua Credibilidade.

Em seguida nós trabalhamos a emoção, as **Vestes do Rei**, Pathos.

Vimos diversas formas que damos vida à nossa comunicação.

Também vimos o **Grilo Falante**, Logos, aquela "vozinha" que convence seu cliente que é uma boa escolha.

E agora deixei para o final o **Cetro do Rei**.

Porque as histórias são os elementos mais poderosos que você pode utilizar para ativar todos os gatilhos de forma automática e poderosa.

Histórias, *storytelling*, merece um livro à parte de tão profundo que é o conteúdo.

Mas para esse livro, para você ter uma noção do poder do **Cetro do Rei**, vou lhe dar uma pequena introdução.

Se você conhece o mundo do marketing digital, talvez já tenha visto várias vezes falar que você precisa aprender a contar boas histórias. Eu mesmo falo muito isso.

Mas o que define uma boa história?

As histórias surgem desde que a humanidade tomou a forma que nós temos hoje.

Se olharmos desde a época das cavernas, as histórias fazem parte da nossa natureza.

Imagine a seguinte situação:

Em vez de você simplesmente falar que atrás de uma árvore tem um animal perigoso, você pode contar uma história e falar que seu primo foi devorado por um monstro que se espreita perto daquela árvore.

Ele fica à espreita de pessoas distraídas que chegam perto daquela árvore.

O entendimento se torna muito mais forte, você cria imagens muito mais vivas dentro da mente.

Da mesma forma, se eu contar para você uma história de como sobrevivi dentro de uma trilha que me perdi, é muito mais provável que você também consiga sobreviver.

Isso tem um efeito muito mais forte do que "teoria" de sobrevivência.

O poder das histórias é muito grande e você pode utilizá-las para ajudar na venda do seu produto.

Existe mais uma falácia no mundo do marketing digital, que falam que o melhor modelo de histórias para vender é a jornada do herói.

A jornada do herói é o modelo organizado por Joseph Campbell, que de forma extremamente resumida é assim:

> "O herói sai do mundo comum. Ele recusa o chamado à aventura e é puxado para viver essa aventura mesmo ele não querendo.
>
> Então ele passa por obstáculos, dificuldades e desafios até que encontra um mentor que o coloca no rumo.
>
> Ele faz um caminho para a conquista dos seus objetivos em busca da sua grande transformação, e ele retorna como o herói."

Não sei a partir de quando isso começou a virar uma "verdade".

Mas esse não é o melhor modelo para vendas.

Por mais que ele funcione, esse modelo é muito mais ligado à pura contação de histórias, livros e filmes.

Histórias que encantam são uma coisa. Histórias que encantam **e vendem** são outra coisa. (por isso escrevi um livro completo sobre o tema: Story$elling)

Ao ler esse capítulo, lembre do seguinte:

O Melhor Gatilho Mental Para Vender é um Desejo Genuíno de Transformar a Vida do Seu Cliente...

A Melhor História é Sua Própria História de Transformação Pessoal

Alguns dos modelos de histórias que você pode usar, que até são similares ao modelo da jornada de herói são os seguintes:

A história da Grande Descoberta

"Você estava atrás de uma grande solução. Você precisa contar como foi a sua trajetória atrás dessa solução. Seja um produto para emagrecer, para ganhar dinheiro, etc.

E você conta como estava difícil, e como você descobriu por acidente a solução. Você viu em uma loja escondida na Rua da Liberdade, ou um livro que estava escondido na estante do seu avô.

Você descobre por acidente a solução."

Esse é um modelo simples, e se você comparar esse modelo com a jornada do herói, verá que converte tão bem e até melhor.

Outro modelo de história é:

Não encontrei a solução então eu a criei.

Essa inclusive é uma história que conto em alguns momentos.

"Você conta como você buscou várias soluções.

Uma solução resolveu uma parte, outra solução resolveu outra parte, todas tinham falhas.

Por você não encontrar algo que realmente fosse a solução ideal, VOCÊ decidiu criar a solução ideal. Você criou um produto ou um serviço que tinha tudo aquilo que você sempre precisou."

Essa comunicação é um exemplo que eu mesmo uso para falar sobre a minha Máquina de Copy. Encontrei soluções que deixavam muito a desejar em diversos pontos.

Então, cansado, precisando de algo que me facilitasse o trabalho, criei a minha solução.

É assim que apresento a minha Máquina de Copy, que é uma ferramenta que ajuda a escrever a sua comunicação de vendas de forma muito mais rápida e muito mais fácil.

Outro modelo de história é o Triunfo do Vira-Lata.

Essa é uma história muito emocional, onde você se coloca como uma pessoa igual ao seu cliente.

Você pode usar algumas construções como a seguinte:

"Eu era tão burro quanto um prego e mesmo assim eu consegui.
Veja todos os obstáculos e dificuldades que passei. Mesmo sendo um zé ninguém, consegui superar tudo isso e você também pode."

Este também é um modelo muito forte e que gera muitos efeitos.

Esse último modelo do Vira-Lata gosto de usar em e-mails.

Em cartas e vídeos de vendas, gosto mais do "Não encontrei a solução, então a criei."

Veja que essas são histórias que seguindo alguns modelos, alguns roteiros, você consegue gerar muito mais vendas.

Porém, tem uma coisa que apenas uma pessoa me falou.

Tive que estudar muito e pagar bem caro para ter acesso a essa informação.

Estudo com um dos maiores copywriters do mundo, o Roy Furr.

A informação que ele trouxe fez tanto sentido para mim que eu estou compartilhando com você aqui agora.

Preste atenção...

Mais importante do que a história é o personagem.

Se preocupe MENOS com "qual o melhor roteiro", e pense sobre o personagem.

Ele é um líder? Um cientista maluco? Um anti-herói?

Como foi a vida dele? Por que ele age dessa maneira?

Quais eventos marcantes impactaram a vida dele?

Veja...

Não importa se estamos falando de você ou se você está contando a história do seu cliente.

TODO esse pano de fundo é essencial para uma boa história.

Você agora precisa apenas amarrar as pontas.

O que aconteceu com o personagem que ele precisa buscar uma solução?

"Eu tinha acabado de falir minha segunda empresa. Estava desesperado por uma solução que funcionasse, não podia suportar o peso de mais um fracasso."

O que ele enfrentou?

"Busquei em diversos livros, cursos e gurus, do Brasil e do exterior."

Qual foi o momento de maior tensão?

"Não encontrava nada que funcionava, a minha vontade era de me matar."

Veja como os modelos são parecidos até certo ponto.

E mesmo assim, ainda há outros modelos.

Se você é um "cientista maluco", pode contar como uma invenção que não era nada, pareceu uma grande ideia – para outra pessoa.

Ou se você decidiu compartilhar o que sabe porque as pessoas dizem que é muito legal... conte isso.

Estudos de caso são outra forma poderosa de contar histórias, que também caminha de mãos dadas com a Prova. Esse é o modelo de história fundamental para vendas B2B.

Vendas complexas são baseadas em fatos e provas. O componente da emoção também existe, mas você precisa de demonstrações práticas da sua solução.

Trouxe para você apenas alguns exemplos.

Na área de bônus do livro, trago algumas histórias que tiveram resultados imensos, e mais referências para você usar.

Para encerrar esse capítulo, quero ampliar mais uma vez o conceito de histórias com você.

Você e sua empresa precisam contar uma grande história coerente.

Seu site, seus e-mails, suas redes sociais, precisam estar coerentes.

Mesmo se é uma empresa "séria", ainda são pessoas que leem seus e-mails.

A beleza de contar histórias é que você sempre pode trazer coisas novas e interessantes para seu público.

Lembra-se que você precisa investir tempo no seu personagem?

No meu caso, tenho a vantagem de ser uma pessoa real.

Sempre trago histórias pessoais e vinculo com minhas ofertas. Desde fazer Kung-Fu, até uma cirurgia e um pequeno acidente com o forno com minha esposa.

Em um cliente ligado a cirurgias plásticas, conto dezenas de histórias legais para gerar mais envolvimento (e vendas).

São comunicações "não profissionais"?

Pense novamente.

Todas as minhas comunicações são ligadas diretamente às vendas.

Quando você cria conexão emocional dessa forma, você vende muito.

Lembre-se que estamos falando do **Cetro do Rei**.

As histórias têm um poder enorme.

Use-as sem moderação.

GATILHOS MENTAIS
O C****E

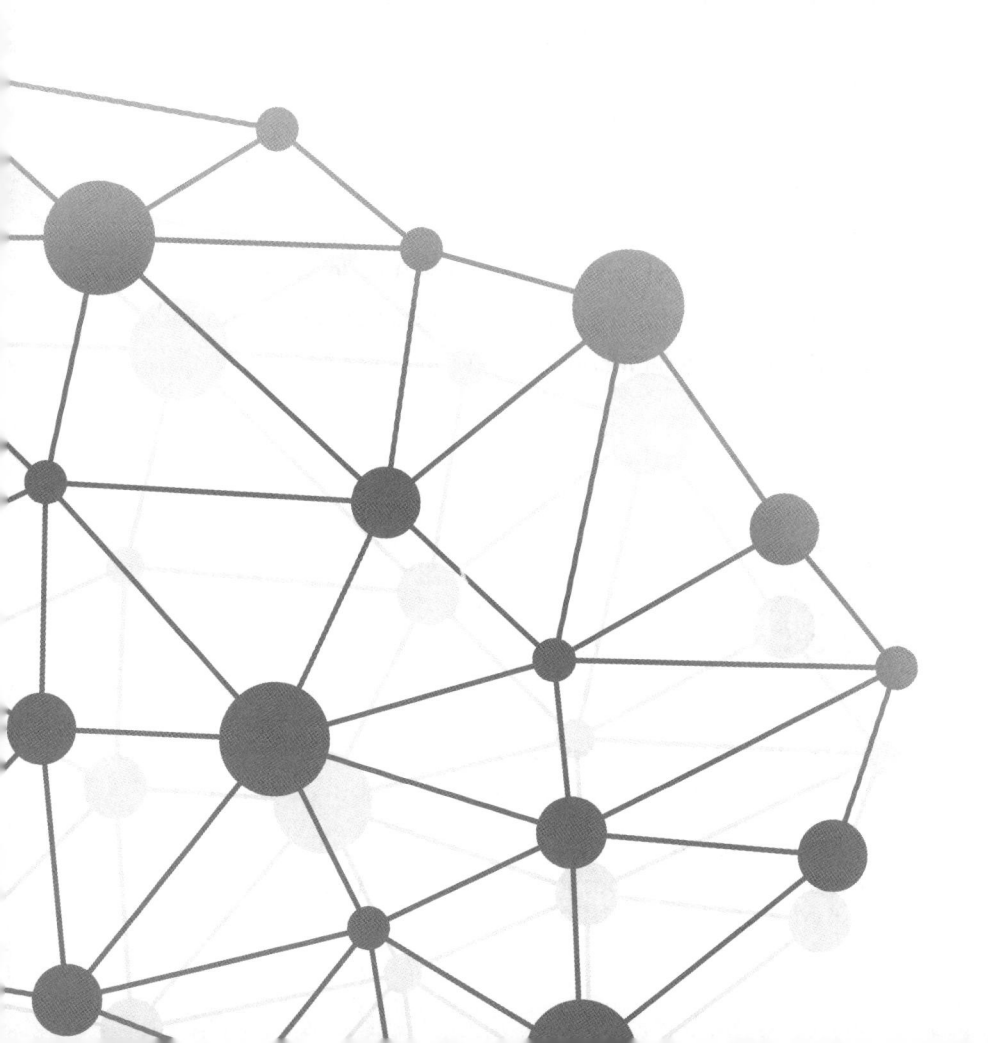

Caro Amigo,

Chegamos ao final dessa obra.

Desejo sinceramente que você tenha tido "sacadas" suficientes para aumentar suas vendas.

Aplique o que você leu.

Todo o conhecimento é válido, mas apenas a aplicação prática traz resultados.

Lembre-se, apenas os "gatilhos mentais" não servem para nada.

Crie uma estratégia de negócios sólida.

O melhor "gatilho", a melhor "isca", é como você pode transformar DE VERDADE a vida do seu cliente.

Conte histórias.

Desenvolva sua Credibilidade.

Faça seu cliente se Emocionar.

E ajude-o a se decidir.

Mas leve isso para ALÉM da simples venda de um produto.

Leve toda essa dinâmica para sua comunicação como um todo.

À Sua Riqueza e Felicidade!

Gustavo Ferreira

PS: Lembre de me seguir nas redes sociais, me fale mais sobre você e seu negócio no Instagram ;)

PPS: Empreender é uma jornada de ALMA.

E compartilho muitas outras lições sobre empreendedorismo e espiritualidade em meus livros Cartas de Ouro Para Empreendedores e Gatilhos da Alma.

RECURSOS EXTRAS

Análise Flesch-Kincaid (em inglês):
https://hemingwayapp.com

Vídeo do Simon Sinek: Porque Grandes Líderes Inspiram Ação
https://www.ted.com/talks/simon_sinek_how_great_leaders_inspire_action?language=pt-br

Acesse materiais complementares no endereço:
sougustavoferreira.com.br/bonus-gatilhos-mentais

Me siga nas redes sociais para mais conteúdo: @sougustavoferreira

OUTROS LIVROS DO AUTOR:

www.dvseditora.com.br

Impressão e Acabamento | Gráfica Viena
Todo papel desta obra possui certificação FSC® do fabricante.
Produzido conforme melhores práticas de gestão ambiental (ISO 14001)
www.graficaviena.com.br